AF416285

# بيتكوين

إتقان عالم العملات المشفرة:
دليلك النهائي حول البيتكوين

## Jasim Mahmoud

© حقوق النشر 2023 - جميع الحقوق محفوظة.

لا يتماس تنساخأ□ تكر□ □ أ□ قلمحتو□هذا الكتاب□□□ إ□ مبا□ ركتابيمنالكاتبأ□ النا□ ر.

حتأيظرفمنالظر□ ف، لايمكنتحميلأيلوم أ□ مسو□ لية□ق□ و□ ية للنا□ ر□ أ□ الكاتبعنأية أضر□ □ أ□ تعويض□ خس□ □ ة ماليةن□ اتجة عنالمعلو ماتالمتضمنةفيهذا الكتاب، سواعك□ تذلكمبا□ رةأ□ غيرمبا□ رة.

**إ□ عا□ قا□ ى:**

□ همخصصفقطللاستخدامالشخصي. يحميحقوقالنشر هذا الكتاب
لايمكنتعديل، توزيع، بيع، استخدام، استشهاد أ□ إعادةصياغةأيجزء أ□ محتوىضمنهذا الكتاب□□ موافقةمنالكاتبأ□ النا□ ر.

**تنويهإخلاءالمسو□ لية:**

يرجملاحظة□أ□ المعلوماتالمتضمنةفيهذا الوثيقة هيلأغراضتعليمية□ ترفيهيةفقط.
تمبذلجهدكبير لتقديممعلوماتدقيقة□ محدّثة□ موثوقة□□ املة.
لايتمالتصريحبأيضم□ اتمنأينوع، سواعك□ تصريحةأمضمنية.
يقرالقراءبأ□ الكاتبلايقومبتقديمنصائحقا□ و□ ية أ□ مالية□ طبية□ مهنية.
تماستمدادمحتو□هذا الكتابمنمصا□ ر متنوعة.
يرجىاستش□ ةمحتر فمر خصقبلمحا□ لة أيتقنياتمو جودةفيهذا الكتاب.

بقراءةهذا الوثيقة، يوافقالقا□ ئعلى□ أ□ الكاتبغير مسو□ ل تحتأيظرفمنالظر□ فعنأية خسائر، سواعك□ تمبا□ رةأ□ غيرمب□ رة، تتكبدها□ تيجةلاستخدامالمعلوماتالو□ □ دةفيهذا الوثيقة، بمافيذلك، علىسبيلالمثاللاالحصر، الأخطاء، الإغ□ فال، أ□ عدمالدقة.

# جدولالمحتويات

# المقدمة

مرحبًا بك في "بيتكوين: إتقان عالم العملات المشفرة ـ دليلك النهائي على بيتكوين." هذا الكتاب الإلكتروني هو دليلك الشامل إلى عالم بيتكوين المثير والمشهد الأوسع للعملات المشفرة. تم إنشاء هذا الدليل لتلبية احتياجاتك، سواء كنت مبتدئًا فضوليًا يحاول فهم ما الذي يثير كل هذا الضجيج، أو تاجرًا عابرًا يسعى لتوسيع معرفته، أو مستثمرًا ذو خبرة يسعى للبقاء على آخر مستجدات عالم العملات المشفرة.

تتطور الصناعة المالية عن ما كانت عليه في الماضي. هناك الآن وسائل أخرى لإجراء المعاملات، وعمل الاستثمارات، وتخزين القيمة بجانب استخدا☐ العملات الورقية التقليدية. تمكنت اختراع بيتكوين في ع☐ 2009 من إمكانية وجود نوع جديد من العملة الرقمية غير المركزية بنيت على تقنية البلوكشين. بالإضافة إلى كون بيتكوين معروفًا اليو☐، أحدث أيضًا ثورة تكنولوجية وأدى إلى ظهور العديد من العملات المشفرة البديلة.

حتى بالنسبة للأشخاص الملمين بالتكنولوجيا، يمكن أن يكون التنقل في هذا المجال الجديد للتمويل اللامركزي أمرًا صعبًا. يمكن أن تبدو التكنولوجيا غامضة والمصطلحات غالبًا ما تكون صعبة الفهم، والبيئة دائماً في تغيير. يملأ هذا الكتاب الإلكتروني تلك الحاجة.

،ي هذا الكتاب الإلكتروني، نبدأ مع أساسيات البيتكوين: القضية التي سعت لحلها والفكرة الرئيسية وراءها، والتكنولوجيا التي تق☐ عليها. سنناقش الآليات الكامنة وراء معاملات البيتكوين، وعمليات التعدين، وصيانة القيمة. سيتم شرح لك أهمية المحافظ والمفاتيح والعناوين على شبكة البيتكوين، وسنق☐ بإرشادك خلال إجراءات الشراء والبيع والاستخد☐.

سنتناول أيضًا بتفصيل استراتيجيات تداول واستثمار البيتكوين، مما يمنحك فهمًا لمختلف الطرق وتقنيات إدارة المخاطر. سيقدم لك الكتاب الإلكتروني نظرة عامة على عالم "العملات الرقمية بشكل أوسع، وسيشرح كيفية تفاعل البيتكوين مع "العملات البديلة وسيتناول بعض الانقسامات الرئيسية في ماضي البيتكوين.

وفي الختام، ستناقش هذا الدليل القضايا الحيوية المتعلقة بالخصوصية والأمان، والآثار القانونية لاستخدام البيتكوين، قبل أن يقدم توقعات الخبراء حول مستقبل هذه العملة الثورية.

إذا كنت مستعدًا لمغامرة تعليمية عبر عالم البيتكوين المثير والديناميكي، ها هو المكان حيث تبدأ رحلة اتقان البيتكوين!

.

# الفصل الأول

## البيتكوين: نشأة العملة المشفرة

### ما هو البيتكوين؟

البيتكوين، وهي عملة رقمية لامركزية، أصبحت شديدة الشهرة منذ ظهورها بعد أزمة عام 2008. كأول عملة رقمية، يتحدى البيتكوين الأنظمة المالية التقليدية من خلال توفير شبكة ند لند خالية من الوسطاء والسلطات. يستند البيتكوين على البرهان التشفيري، مما يمكن من إجراء معاملات آمنة، قابلة للتحقق، ولا رجوع فيها. صاغتها الهوية

المستعارة، ساتوشي ناكاموتو. سيتم فحص الطبيعة المعقدة للبيتكوين في هذا القسم، إلى جانب تكنولوجياه الأساسية ومبادئه الإرشادية، وقدرته على تغيير تمامًا طريقة تفكيرنا في المال.

في ورقة بيضاء بعنوان "البيتكوين: نظام نقدي إلكتروني ند لند"، التي أصدرها ناكاموتو في أكتوبر 2008، تم وصف فكرة البيتكوين. لم يتم تعدين الكتلة الأولى أو "الكتلة الأصلية" في سلسلة الكتل الخاصة بالبيتكوين حتى 3 يناير 2009. "ظهر" البيتكوين كرمز للأمل في مستقبل مالي لامركزي بعد نظام مالي فاشل تضرر من إنقاذ البنوك والعدم الثقة.

مع البيتكوين، كانت الفكرة هي القضاء على الحاجة إلى جهة ثالثة موثوقة مثل البنوك أو الحكومات في المعاملات المالية. يقترح البيتكوين إعادة ابتكار جذري للأنظمة المالية من خلال إقامة نظام حيث يتم توليد الثقة ليس عن طريق وسطاء قويين بل عن طريق إجماع الشبكة والتشفير والبرمجيات المبتكرة.

في أساسها، البيتكوين هي عملة رقمية تستخدم أساليب التشفير لحماية المعاملات، وتقييد إنشاء وحدات جديدة، وتأكيد نقل الأصول. البيتكوين هي عملة لامركزية وتعتمد على شبكة منتشرة من المستخدمين لإجراء وتحقيق صحة المعاملات، على عكس العملات التقليدية (العملات الورقية) التي يتم إصدارها من قبل سلطة مركزية.

تكنولوجيا سلسلة الكتل، التي يستند إليها البيتكوين، هي أحد ركائزه الرئيسية. يتم تخزين جميع معاملات البيتكوين في سجل عام غير مركزي يسمى سلسلة الكتل. يتم جمع كل معاملة في "كتلة" واحدة، والتي تُدرج بعد ذلك في "سلسلة" المعاملات السابقة. نظرًا لأن تغيير أي سجل معاملة في السلسلة يتطلب اتفاقًا غير مرجح من قبل الأغلبية في الشبكة بأكملها، فإن هذه العملية تضمن الشفافية والأمان.

فعل "التعدين" هو جزء أساسي من عمليات البيتكوين. في جوهره، يتضمن ذلك استخدام قوة المعالجة لحل ألغاز رياضية صعبة قبل إضافة النتائج إلى سلسلة الكتل لتحقق المعاملات. تشير عبارة "التعدين" إلى عملية إنشاء بتكوينات جديدة كمكافأة، إلى جانب رسوم المعاملات

تدار معدل إنشاء البتكوين الجديدة بواسطة هذه العملية أيضًا. كل أربع سنوات، أو التقسيم"، يتم تنظيم الشبكة لتقليل عائد التعدين إلى النصف. نظرًا للانخفاض التدريجي في معدل الإنتاج في هذا النظام، فإن هناك فقط حوالي 21 مليون بيتكوين سيكونون في التداول في النهاية، مما يمنح البيتكوين ندرة تشابه تلك الوجدانية للسلع الثمينة مثل الذهب.

تختلف تنظيم معاملات البيتكوين. تحدث معاملات البيتكوين بين 'عناوين' بدلاً من المعاملات التقليدية حيث يتم ربط الهويات بالحسابات. على غرار رقم الحساب، تُعد عنوان البيتكوين مجموعة من الأحرف والأرقام الألفا رقمية التي تُعين مستلم دفعة بيتكوين.

يجب أن يُمتلك مفتاح خاص مقابل للتحكم في البتكوين المرتبطة بعنوان. على غرار التوقيع الرقمي، يضمن هذا المفتاح الخاص شرعية المعاملة ويمنع تغييرها بمجرد أن يتم التصديق عليها.

يتم إدارة هذه العناوين والمفاتيح الخاصة من قبل المستخدمين باستخدام 'محافظ' للبتكوين. يمكن أن تأخذ أشكالًا متعددة، بدءًا من الأجهزة إلى تطبيقات الهواتف المحمولة، وتقدم مستويات مختلفة من الراحة والأمان

البيتكوين يختلف أساسًا عن أنواع العملات التقليدية بسبب ميزاته وتصميمه. يقدم مستوى من استقلال المستخدم والخصوصية غير المألوفة في أنظمة البنوك التقليدية يّة. يتحدى آلية الندرة الفطرية فيه سُمة التضخم للعملات central بسبب طبيعته المف الورقية، مما يمنحه إمكانية أن يكون "متجر قيمة" مشابهًا للذهب.

ومع ذلك، بسبب نسبة البيتكوين النسبية وسعرها المتقلب، جاءت فائدتها كـ "وسيط للتبادل" تحت المراجعة. يتم قبول البيتكوين بشكل متزايد من قبل التجار، على الرغم من أن استخدامها الواسع كوسيلة للدفع لا يزال في مراحله الأولى.

فهم البيتكوين يتطلب تقديرًا لتعقيد تكنولوجيته، وأخلاقياته اللامركزية، وإمكانيته لتغيير جوهري في كيفية نظرنا إلى المال واستخدامه. كانت رحلة البيتكوين مميزة بالتقلبات والفحص، وفي الفترة الأخيرة، بدأت تحظى بقبول منذ تأسيسها وحتى أهميتها الحالية.

أصبحت الآن تمثل حركة أكبر نحو اللامركزية والتغيير الرقمي المالي، وتعتبر مصدر إلهام للعديد من مشاريع سلسلة الكتل والعملات الرقمية الأخرى.

في جوهره، البيتكوين هو تجربة اجتماعية اقتصادية في الثقة واللامركزية والندرة الرقمية بدلاً من مجرد أصل رقمي أو عملة. يعتبر البيتكوين تذكيرًا وأداة لحق السيادة المالية الشخصية والشفافية ونحن نتجه نحو مستقبل أكثر رقمنة. إنه يرمز إلى تغيير في كيفية رؤيتنا واستخدامنا وتفاعلنا مع المال.

## تاريخ البيتكوين والمشكلة التي كانت تهدف إلى حلها

شهد العالم أزمة مالية حادة في الجزء الأخير من عقد 2000. تسببت هبوط اقتصادي حاد ناجم عن فشل البنوك بشكل غير مسبوق، وممارسات الإقرا □ الخطرة، والمنتجات المالية المعقدة في هز الثقة في المؤسسات المالية التقليدية. ردًا على هذه المشكلات ظهرت البيتكوين في محاولة لمعالجة القضايا الأساسية في أنظمة الأمور المالية التقليدية. يتناول هذا القسم أصول البيتكوين وينظر في القضايا الخاصة التي كانت تهد □ إلى حلها.

أصول البيتكوين هي لغز. تم إصدار ورقة بيضاء بعنوان "البيتكوين: نظ□ نقدي إلكتروني ند لند" في ع□ 2008 تحت اسم مستعار هو ساتوشي ناكاموتو من قبل شخص أو مجموعة لم يُعر □ هويتهم. تم توضيح الأسس النظرية لعملة رقمية لامركزية والتي ستصبح في وقت لاحق البيتكوين، في هذه الورقة البيضاء. تم تعدين "الكتلة الأصلية" أو "الكتلة 0"، والتي تُعر □ أيضًا باسم أول كتلة في سلسلة الكتل الخاصة بالبيتكوين، في 3 يناير 2009 من قبل ناكاموتو. هذا كان بداية البيتكوين.

كانت هذه الحدث لافتة للنظر ليس فقط لأن نوعًا جديدًا من العملة تم إنشاؤه، ولكن أيضًا لأنها رمزت لشكل من أشكال المعارضة للنظ□ المالي الفاشل. تم ترميز النص " تايمز 2009/يناير وزير المالية على حافة خطة الإنقاذ الثانية للبنوك " من عنوان في 03/ صحيفة ذا تايمز في الكتلة الأصلية. كانت هذه مؤشرًا واضحًا على أن البيتكوين كانت رد فعل على كل من البيئة الاقتصادية غير المستقرة والنقائص الملحوظة في المؤسسات المالية التقليدية.

أساس النظ‌‌ام المالي التقليدي هو الثقة. نثق في البنوك لتخزين وإدارة أموالنا، ونثق في معالجي الدفع لتحريكها، ونثق في الحكومات لحماية قوتها الشرائية. ولكن أظهرت أزمة عا‌‌م 2008 كيف يمكن أن تكون هذه الثقة غير مبررة.

هوت مسألة الثقة هي ما أدى إلى إنشاء البيتكوين. تكنولوجيا سلسلة الكتل تكون في قلب تصميم البيتكوين. يُطلق على سجل عا‌‌م يتتبع جميع معاملات البيتكوين اسم سلسلة الكتل باستخدا‌‌م شبكة موزعة من الحواسيب )تسمى العُقَد(، يعمل هذا النظ‌‌ام دون الحاجة إلى سلطة مركزية.

تقو‌‌م العقد بالتحقق من المعاملات من خلال آلية توافق، دون الحاجة إلى طر‌‌ف ثالث قوي. هذه الفكرة، المعروفة بالمعاملات "بدون ثقة"، هي مبتكرة لأنها تقضي على حاجة وجود وسطاء وتمكّن إجراء المعاملات بين الأقران على مستوى عالمي.

تتميز الأنظمة المالية بأنها مركزية بطبيعتها. تدير الحكومات البيئة المالية، وتتحكم البنوك المركزية في السياسة النقدية، وتتعامل البنوك التجارية مع المعاملات. يستخد‌‌م البيتكوين التمويل اللامركزي لمحاولة حل هذه المسألة.

البيتكوين تضمن عد‌‌م إمكانية التحكم في بروتوكول البيتكوين من قِبل هيئة فردية لأنه يعتمد على شبكة لامركزية. إنه يقا‌‌م الرقابة ويوفر حتى لأولئك الذين يتم استبعادهم من قبل أنظمة البنوك التقليدية وسيلة للمشاركة في الاقتصاد.

يمكن أن يؤدي الإمداد المتزايد للعملات التقليدية إلى التضخم. قد يؤدي إمكانية البنوك المركزية إنتاج كميات إضافية من النقود إلى تخفيض قيمة العملة. من ناحية أخرى، إن الإمداد الثابت لعملات البيتكوين يتراوح حوالي 21 مليون. نظرًا لأن هذا الحد مُضمّن بشكل صار‌‌م في نظ‌‌ام البيتكوين، يخلق ندرة وربما يحول البيتكوين في نهاية المطا‌‌ف إلى مخزن قيمة موثوق به. من خلال هذا النهج، نرغب في حل مشكلة تخفيض قيمة العملة التي تعاني منها النظ‌‌ام النقدي التقليدي.

كانت استجابة لقضايا الأنظمة المصرفية التقليدية لها دور كبير في تاريخ البيتكوين. نشأت البيتكوين كحلا مبتكرًا على خلفية أحداث أزمة عا‌‌م 2008، بهد‌‌ف معالجة مشاكل

الثقة والمركزية والتضخم في المؤسسات المالية. إن قدرتها على تقديم نظ⬜ دفع لامركزي بين الأقران، حيث يتم بناء الثقة من خلال دليل تشفيري بدلاً من السلطات المركزية، هي ما يمنحها إمكاناتها الثورية.

على الرغم من التقدير والانتقادات التي تلقتها على مر السنين، إلا أن جذور البيتكوين لا تزال مرتبطة بشكل وثيق بالهد⬜ الأساسي الذي وُجِدَت من أجله: تقديم بديل للنظ⬜ المالي التقليدي وتحويل كيفية رؤيتنا واستخدامنا للمال. وفي التق⬜ بها، يتعين علينا أن نحمل في اعتبارنا القضايا التي سعت البيتكوين لحلها، حيث تمثل مفتاحًا لفهم القيمة المقترحة لهذه التكنولوجيا الثورية.

## المبدع بالاسم المستعار: ساتوشي ناكاموتو

لا يوجد شخص أو مجموعة أكثر غموضًا وأثرًا في عالم العملات الرقمية من ساتوشي ناكاموتو. يُعتبر هذا الشخص أو المجموعة غير المعروفة مسؤولًا عن إنشاء البيتكوين أول عملة رقمية لامركزية في العالم، التي غيّرت بشكل جذري واجهة المال والتكنولوجيا. على الرغم من النفوذ الواسع والقبول الذي حققه البيتكوين، إلا أن هوية مبتكره لا تزال غامضة، مما أثار الكثير من التكهنات والفضول. يتم تغطية تاريخ ساتوشي ناكاموتو، وإنجازاته المهمة، والألغاز المستمرة حول هويتهم في هذا القسم.

تمثل نشر ورقة بيضاء بعنوان "البيتكوين: نظ⬜ نقدي إلكتروني ند لند" في ع⬜ 2008 بداية قصة ساتوشي ناكاموتو. تم وضع الأسس النظرية للبيتكوين، وهي نوع ثوري من الأموال الرقمية، في هذا الوثيقة المؤلفة من تسع صفحات. ق⬜ ناكاموتو بإنشاء البيتكوين عن طريق تعدين الكتلة الأولى في سلسلة الكتل في 3 يناير 2009، بعد مرور بضعة أشهر.

لمدة تقريبية من عامين، استمر ناكاموتو في المساهمة بنشاط في تطوير البيتكوين، وتبادل الرسائل مع مبرمجين آخرين وشركاء من خلال رسائل البريد الإلكتروني والمشاركات في المنتديات. في هذه الفترة، كانت كتابات ناكاموتو تظهر شخصًا ملتزمًا بقوة بفكرة نظ⬜ عملة لامركزية خالية من الرقابة والرقابة الحكومية.

بعيدًا عن مجرد تصور البيتكوين، قدّم ناكاموتو مساهمات كبيرة. شارك في تطوير الشيفرة المصدرية لبرنامج البيتكوين وواصل تحسينها وتحديثها حتى آخر تواصل مسجل لهم في عام 2010. يُعتبر ناكاموتو مخترعًا لخوارزمية العمل البرهاني ونظام التوافق اللامركزي، إلى جانب أفكار وابتكارات أخرى ذات أهمية كبيرة.

تم إنشاء سلسلة الكتل، وهي الجانب الأكثر ابتكارًا في البيتكوين، على يد ناكاموتو. يُسجل جميع معاملات البيتكوين في هذا السجل العام اللامركزي، مما يمكن من إجراء معاملات بين الأقران بدون الحاجة إلى الثقة ويمثل اختراقًا كبيرًا في مجال الثقة والأمان الرقمي.

لا يمكن العثور على منشئ اسم العر "ساتوشي ناكاموتو"، ولا توجد أي تلميحات حول هويته أو جنسيته أو موقعه. نظرًا لهذه السرية وتأثير البيتكوين، تم إجراء الكثير من التكهنات والأبحاث لتحديد الشخص أو الهيئة التي تختبئ وراء هذا الاسم المستعار. تم تقديم عدة أفراد كساتوشي الحقيقي، وزعم بعضهم حتى أنهم هو ناكاموتو. لا تزال هوية ناكاموتو غامضة لأنه لم يتم إثبات أيًا من هذه التأكيدات أو الاتهامات بما يفوق الشك العقلاني.

آخر اتصال معرو من ناكاموتو كان في ديسمبر 2010، حيث قالوا أنهم قد "انتقلوا إلى أمور أخرى" وأن البيتكوين كانت "بيد جيدة" في المستقبل. بعد ذلك، اختفى ناكاموتو تمامًا من الرأي العا، مُسَلِّمًا السيطرة على البيتكوين إلى مجتمع المطورين والعشاق المتزايد.

تستمر تأثير ناكاموتو على البيتكوين وصناعة العملات المشفرة بشكل أوسع رغم اختفائه. لم يقتصر هدفهم من إنشاء نظا نقدي إلكتروني لامركزي بين الأقران على التحقق فقط، بل أنتج موجة إبداع أسفرت عن آلا العملات المشفرة البديلة وتطبيقات مبتكرة قائمة على تقنية سلسلة الكتل.

مُطَوّر البيتكوين تحت الاسم المستعار ساتوشي ناكاموتو هو فرد غامض ومثير للفضول. على الرغم من سريتهم، إلا أن فكرتهم الرائدة أحدثت تأثيرًا دائمًا على التكنولوجيا والأموال. فكرة ناكاموتو حول نظا مالي لامركزي قد جلبت عصرًا جديدًا من الابتكار التكنولوجي والتقليب. حتى وإن كانت هويتهم لا تزال غامضة، فإن تأثيرهم

لا يمكن إنكاره ولا يزال يتردد في جميع أنحاء المجتمع الإلكتروني. قد ثورت البيتكوين الخاصة بنا على الطريقة التي نفكر بها ونتعامل فيها مع المال من خلال طرح أسئلة صعبة حول طبيعة المال والثقة واللامركزية.

## ورقة عمل البيتكوين: ملخص موجز

حيث يمكن العثور على اختراع البيتكوين، الأصلي الرقمي الثوري، هو وثيقة تحمل عنوان "البيتكوين: نظ□ نقدي إلكتروني ند لند"، وهي مؤلفة من تسع صفحات، كتبها الكاتب الغامض ساتوشي ناكاموتو. تُعدُّ هذه التقرير الرائد، الذي تم نشره في ع□ 2008، أساسًا مفاهيميًا للبيتكوين ويقترح إعادة تصميم هامة للمؤسسات المالية التقليدية. يق□ هذا القسم تحليلاً شاملاً لورقة البيتكوين، مؤكداً على توصياتها المهمة والتق□ الذي قدمته في مجالات العملات المشفرة وتكنولوجيا سلسلة الكتل.

الاعتماد على المؤسسات المالية لمعالجة المدفوعات الإلكترونية هو المشكلة الأساسية في تجارة الإنترنت، وهو ما تناولته القسم الافتتاحي لورقة البيتكوين لناكاموتو. من أجل تجنب الإنفاق المكرر، والذي يحدث عندما يق□ المستخد□ بإنفاق نفس المبلغ مرتين، يحتاج نظ□ العملات الإلكترونية التقليدية إلى مساعدة طر □ ثالث قوي. بدون طر □ ثالث موثوق به، اقترح ناكاموتو البيتكوين كحلاً لمشكلة الإنفاق المكرر.

وفقًا لناكاموتو، يُمكن للبيتكوين، كعملة إلكترونية ند لند، إجراء المدفوعات عبر الإنترنت مباشرةً من طر □ إلى طر □ دون الحاجة إلى المرور عبر مؤسسة مالية.

رأى ناكاموتو أن الثقة هي المشكلة الرئيسية في المعاملات المالية التقليدية. نظرًا لأن نسخًا من الرموز الرقمية يمكن إنشاؤها واستخدامها في العديد من المعاملات، هناك خطر من الإنفاق المكرر في المعاملات الرقمية.

استجابةً لذلك، ق□ ناكاموتو نهج شبكي ند لند لمشكلة الإنفاق المكرر. يتم تسجيل الصفقات بالطابع الزمني من قبل الشبكة ويتم تجزئتها إلى سلسلة مستمرة من عمليات البرهان المستندة إلى التجزئة لإنشاء سجل لا يمكن تغييره دون إعادة عملية البرهان. تعتمد تكنولوجيا سلسلة الكتل التي تدعم البيتكوين على هذا الأساس.

تكرس ورقة البيتكوين البيضاء الكثير من الوقت في وصف عملية التعدين. يُعرّ
التحقق من السجلات المالية وإضافتها إلى سلسلة الكتل، السجل المفتوح للبيتكوين، باسم
التعدين. تتنافس عدة نقاط لحل الألغاز الرياضية الصعبة بطريقة لامركزية.

يتم منح البيتكوين للمُنقبين كمكافأة عن عملهم في التحقق من المعاملات. تحمل هذه
المكافأة وظيفتين: تشجيع النقاط على الحفاظ على نزاهتها وإضافة البيتكوين إضافية إلى
"النظا"، مما يخلق نوعًا من "الهجرة إلى الذهب".

يُغطي ناكاموتو أيضًا مبادئ الأمان والخصوصية في شبكة البيتكوين. يتم الاحتفاظ
بسرية هوية الأشخاص المعنيين في المعاملات، على الرغم من أن تدفق المعاملات
يكون علنيًا وشفافًا على سلسلة الكتل. يتم ذلك باستخدا أساليب التشفير التي تضمن
السرية.

على الرغم من أن ورقة البيتكوين قصيرة جدًا، إلا أنها تقد فكرة رائدة تعار أسس
المؤسسات المالية التقليدية. بالإضافة إلى إنشاء البيتكوين، قد تصميم ناكاموتو لنظا
نقدي إلكتروني لامركزي بين الأقران أيضًا لفكرة سلسلة الكتل، وهي مجال تكنولوجي
جديد تمامًا.

اللامركزية، البرهان التّشفيري، والندرة الرقمية هي أفكار رئيسية تم التعبير عنها للمرة
الأولى في ورقة البيتكوين وأصبحت الآن أفكارًا توجيهية للعديد من مبادرات سلسلة
الكتل والعملات المشفرة. الفلسفة الأساسية للبيتكوين، كما هو موضح في ورقة
البيتكوين، لا تزال تحفز وتلهم الابتكار في مجال التمويل الرقمي على الرغم من أن
الرحلة نحو إنشائها لم تكن بلا تحديات.

# الفصل الثاني

## فهم أساسيات العملة المشفرة

**ما هي العملة المشفرة؟**

طوال تاريخها، شهد عالم الأموال العديد من الأحداث التحولية الهامة، ولكن ربما لا يوجد شيء كان له تأثيرًا كبيرًا كما كان الحال مع تقديم العملات المشفرة. بعد اختراع "البيتكوين، أول عملة رقمية تعمل بشكل لامركزي، اكتسبت كلمة "العملة المشفرة اعترافا واسع النطاق. هناك الآن الآلا☐ من العملات الرقمية المتاحة في السوق، كل منها يحمل ميزات واستخدامات خاصة به. يستعر ☐ هذا القسم فكرة العملات المشفرة .والتكنولوجيا التي تقو☐ عليها، وتأثيرها على الأنظمة المالية والمجالات الأخرى

تستخد☐ العملة الرقمية أو الافتراضية المعروفة بالعملة المشفرة علم التشفير لضمان أمانها. تعتمد على تكنولوجيا سلسلة الكتل، وهي منصة لامركزية لتسجيل جميع المعاملات عبر شبكة من الحواسيب. نظرًا لأن العملات المشفرة لا تُصدر من قبل كيان .واحد، فإنها محمية نظريًا من التدخل أو التلاعب من قبل الحكومات

الحالة الحالية للعملات المشفرة هي نتيجة تكامل مختلف المجالات الأكاديمية، بما في ذلك علم الحاسوب والتشفير والاقتصاد. تم دمج هذه العوامل في تطوير البيتكوين، أول .عملة مشفرة استُخدمت على نطاق واسع، لإنتاج علاج خاص لمشكلة الثقة الرقمية

تعتبر تكنولوجيا سلسلة الكتل هي التي تقو☐ على البيتكوين وغالبية العملات المشفرة الأخرى. تعمل في الأساس كسجل موزع لجميع المعاملات والذي يمكن الوصول إليه

من قبل أي شخص على الشبكة. وبسبب لامركزيتها، التي تعتبر أمرًا حاسمًا، فإن الشبكة ليست تحت سيطرة كيان واحد.

عادةً ما يتم إنتاج العملات المشفرة من خلال عملية تسمى التعدين، حيث تقوم الحواسيب القوية بإجراء حسابات معقدة للتحقق من معاملات الشبكة. يتم دفع المنقبين عن طريق تعويضهم بعملات جديدة، مما يحفزهم على الاستمرار في العمل. يساهم هذا الإجراء في إضافة عملات جديدة إلى نظام البيتكوين وكذلك في تعزيز أمان الشبكة.

العملات المشفرة في الأساس تهدف إلى خدمة شكل من أشكال التبادل، تمامًا كما يحدث مع العملات التقليدية. يمكن استخدامها لإجراء مشتريات عبر الإنترنت لشراء السلع والخدمات، حيث يتزايد عدد الشركات التي تقبل دفعات بيتكوين.

بالإضافة إلى ذلك، يُنظر إلى بعض العملات المشفرة، مثل البيتكوين، في كثير من الأحيان على أنها وسيلة للتخزين لها قيمة، تشبه الذهب. تعود هذه الانطباعات إلى ندرتها الكامنة؛ حيث يوجد حد صلب لإصدار 21 مليون بيتكوين.

أحدث ظهور العملات المشفرة تداولات ذات تأثير كبير. من ناحية أخرى، فإنها تقدم إمكانيات جذابة، مثل إمكانية إدماج السكان غير المصرفيين في النظام المالي، وتقليل رسوم المعاملات مقارنةً بالأنظمة التقليدية للدفع عبر الإنترنت، وتطوير التطبيقات غير المركزية، لذكر بعض الأمثلة.

ومع ذلك، تأتي العملات المشفرة أيضًا مع بعض التحديات. يمكن أن تجعل سمات السرية المرتبطة بها الأنشطة غير القانونية، مثل التهرب الضريبي أو غسيل الأموال أكثر سهولة. بالإضافة إلى ذلك، يمكن أن يؤدي تقلب قيمة العملات المشفرة إلى خسارة المستثمرين بشكل كبير.

في مجال الأموال، تمثّل العملات المشفرة تغييرًا نمطيًا. إنها تتحدى الأنظمة المالية المتأثرة وتقدم شكلًا بديلًا للعملة من خلال إنشاء نظام نقدي إلكتروني لامركزي يعتمد على الند للند. لديها إمكانات كبيرة لتغيير طريقة تفكيرنا في المال، وتمكين الشمول المالي، وتعزيز التقدم التكنولوجي.

ومع ذلك، سيحدد كفاءتها في التنقل في البيئة القانونية والحواجز التكنولوجية وقبول الجمهور مدى قبولها ونجاحها النهائي. تتطلب تطور وتداعيات العملات المشفرة اهتمامًا خاصًا مع تقدم العصر الرقمي. إنها تمثل قوة الابتكار وقد تكون علامة على مستقبل تحول الأموال إلى نظام مالي لامركزي؛ إنها أكثر من مجرد أموال رقمية

## تكنولوجيا سلسلة الكتل: مقدمة

الفكرة التي تدعم عمل العملات المشفرة مثل البيتكوين تُعرف بتكنولوجيا سلسلة الكتل، والتي يُعتبر غالبًا من بين أبرز الابتكارات التكنولوجية في القرن الواحد والعشرين. ومع ذلك، فإن لديها إمكانات أكبر من مجرد العملات الرقمية، ولها القدرة على ثورة العديد من الصناعات المختلفة. تهدف هذا القسم إلى تقديم مقدمة حول تكنولوجيا سلسلة الكتل من خلال استكشاف كيفية عملها الداخلية، واستخداماتها المحتملة، وتأثيراتها على المستقبل الرقمي.

سلسلة الكتل هي في الأساس سجل موزع للمعاملات يُكرر ويُحتفظ به على شبكة من الحواسيب تُعرف باسم العُقَد. في كل مرة يحدث فيها معاملة جديدة على سلسلة الكتل، يُسجل سجل تلك المعاملة على سجل القائمة لكل مشارك في الشبكة. يتألف كل كتلة من عدد من المعاملات.

لا يمتلك أي جهة سلطة على السلسلة بأكملها بسبب الهيكل اللامركزي للشبكة. يُشير مصطلح "سلسلة الكتل" إلى سلسلة من الكتل التي تُشكلها كل كتلة في السلسلة، والتي تتضمن أيضًا تشفيرًا هاشيًا للكتلة السابقة في السلسلة. يجعل هذا الربط التشفيري السجل آمنًا ضد التلاعب ويوفر سجلًا موثوقًا للمعاملات.

الطابع اللامركزي لتكنولوجيا سلسلة الكتل هو أحد سماتها الرئيسية. تكون شبكة سلسلة الكتل موزعة بين العديد من العُقد، على عكس قواعد البيانات التقليدية التي يديرها عادة مؤسسة واحدة. يتأكد ذلك من أن أي عقد فردي لا يستطيع تعديل البيانات المحفوظة على سلسلة الكتل.

الشفافية هي ميزة أخرى رئيسية لتكنولوجيا سلسلة الكتل على الطرق التقليدية. يمكن لجميع المستخدمين الوصول إلى كل معاملة على الشبكة، مما يؤدي إلى نظا☐ شفا☐ حيث يمكن لأي عقد التحقق من شرعية المعاملة.

تستخد☐ تكنولوجيا سلسلة الكتل التشفير المتق☐ لضمان أمان البيانات ونزاهتها. تحتوي كل كتلة على معلومات المعاملة، وطابع زمني، وتشفير هاشي للكتلة السابقة في السلسلة. بسبب الروابط التشفيرية بين الكتل، يصبح من المستحيل تعديل بيانات المعاملة الموجودة في كتلة دون تعديل جميع الكتل المستقبلية أيضًا.

إمكانيات تكنولوجيا سلسلة الكتل تتجاوز ببساطة الحفاظ على معلومات المعاملات. أصبحت الآن قابلة للتصور بسبب (DApps) العقود الذكية' وتطبيقات اللامركزية' تطوير السلاسل القابلة للبرمجة.

العقود الذكية هي اتفاقيات تقو☐ بتنفيذ التزاماتها تلقائيًا لأنها مشفرة في شيفرة. إنها تقطع الوسطاء من خلال إكمال المعاملات تلقائيًا عند تحقيق شروط معينة.

تعمل بشكل مستقل عن أي سلطة فردية وتعمل على DApps، تطبيقات اللامركزية أو، شبكة سلسلة الكتل في بيئة لامركزية ومفتوحة المصدر

أصبحت المعاملات الرقمية الآن أكثر لامركزية وشفافية وآمانًا بفضل تطوير تكنولوجيا سلسلة الكتل. تمثل سلسلة الكتل تحسينًا كبيرًا في كيفية التعامل وتسجيل المعاملات بإمكانياتها الواسعة التي يمكن تطبيقها في مختلف الصناعات بما في ذلك المالية وإدارة سلسلة التوريد والرعاية الصحية، وغيرها.

ومع ذلك، فإن تكنولوجيا سلسلة الكتل لا تزال في مراحلها الأولية، وتواجه تحديات مثل مشكلات التوسع، وعد☐ التيقن التنظيمي، وقيود التبني. وذلك على الرغم من إمكانياتها الهائلة. إن التأثير النهائي لسلسلة الكتل على المجتمع والعالم الرقمي لا يزال غير معرو☐. ولكن لا يمكن إنكار أن لديها إمكانيات ضخمة للتحول.

## فهم التشفير في عالم العملات المشفرة

شهدت العديد من التطورات التكنولوجية، حيث لعبت التشفير دورًا كبيرًا، ما جعل ظهور العملات المشفرة كفئة جديدة من الأصول الرقمية أمرًا ممكنًا. يعتمد أساس العملة المشفرة على علم التشفير، الذي يضمن إجراء معاملات آمنة ويتحكم في إنشاء وحدات جديدة. التشفير هو ممارسة ودراسة التواصل الآمن في وجود الخص☐. تستكشف هذا القسم العالم المعقد للتشفير في عالم العملات المشفرة، بالإضافة إلى استخدامها وتأثيراتها.

يتمتع التشفير بوظيفتين هامتين في سياق العملات المشفرة مثل بيتكوين: إنه يتحكم في إنشاء عملات جديدة ويضمن أن تكون المعاملات بين الأطراف آمنة. باختصار، يمكن للتشفير في العملات المشفرة أن يتيح للمستخدمين تخزين الأموال بشكل آمن وإجراء المدفوعات دون الحاجة إلى استخدام اسمهم أو اللجوء إلى البنك.

آلية تعرف بالتشفير بالمفتاح العام هي واحدة من الطرق الرئيسية التي يتم فيها استخدام التشفير في العملات المشفرة. يمتلك كل مستخدم في هذا النظام مفتاحين: مفتاح عام يتم نشره ويعمل كعنوان لاستلام العملات المشفرة، ومفتاح خاص يُحفظ بشكل سري ويُستخدم للموافقة على المعاملات.

عند بدء معاملة، يقوم الشارع بتوقيعها باستخدام كل من مفتاحه الخاص ومفتاح العام للمستلم. باستخدام مفتاح العام للمرسل، يقوم الشبكة بمصادقة المعاملة للتأكد من أنها أتت منه. يضمن هذا الإجراء شرعية ونزاهة المعاملات، ويحميها من الاحتيال.

استخدام وظائف التشفير الهاشية في العملات المشفرة، خاصة في تطوير التكنولوجيا المؤمنة بالسلسلة الكتلية، هو استخدام آخر حيوي للتشفير. تقبل وظيفة الهاش إدخالًا وتُخرج سلسلة ثابتة الحجم من البايت، وعادة ما تكون رمز هاش. كل إدخال فريد يؤدي إلى هاش مختلف كإخراج.

يتم تشكيل سلسلة من الكتل في تكنولوجيا السلسلة الكتلية لأن كل كتلة تحتوي على هاش للكتلة السابقة. نظرًا لأن تغيير أي معلومات في كتلة سيؤدي إلى تغيير هاشها والتأثير على جميع الكتل التالية في السلسلة، يجعل ذلك السلسلة الكتلية مقاومة للتلاعب.

تلعب مفاهيم التشفير دورًا هامًا في عملية التعدين للعملات المشفرة، خاصة في أنظمة إثبات العمل مثل بيتكوين. يجب على المعدنين حل ألغاز تشفيرية معقدة، والتي تتطلب الكثير من قوة المعالجة. يحصل أول من يحل المشكلة على فرصة إضافة كتلة جديدة إلى السلسلة الكتلية واستلام مكافأة بالعملة المشفرة.

استخدام وظائف التشفير الهاشية في العملات المشفرة، خاصة في تطوير التكنولوجيا المؤمنة بالسلسلة الكتلية، هو استخدام آخر حيوي للتشفير. تقبل وظيفة الهاش إدخالًا

وتُخرج سلسلة ثابتة الحجم من البايت، وعادة ما تكون رمز هاش. كل إدخال فريد يؤدي إلى هاش مختلف كإخراج.

يتم تشكيل سلسلة من الكتل في تكنولوجيا السلسلة الكتلية لأن كل كتلة تحتوي على هاش للكتلة السابقة. نظرًا لأن تغيير أي معلومات في كتلة سيؤدي إلى تغيير هاشها والتأثير على جميع الكتل التالية في السلسلة، يجعل ذلك السلسلة الكتلية مقاومة للتلاعب.

تلعب مفاهيم التشفير دورًا هامًا في عملية التعدين للعملات المشفرة، خاصة في أنظمة إثبات العمل مثل بيتكوين. يجب على المعدنين حل ألغاز تشفيرية معقدة، والتي تتطلب الكثير من قوة المعالجة. يحصل أول من يحل المشكلة على فرصة إضافة كتلة جديدة إلى السلسلة الكتلية واستلام مكافأة بالعملة المشفرة

# الفصل الثالث

## التعمق في الشبكة: شبكة البيتكوين

### كيف يعمل البيتكوين؟

تم تنفيذ عملة رقمية لامركزية وتعامل نظير لنظير بنجاح أول مرة مع البيتكوين، والتي أصبحت تمثل جميع العملات المشفرة. منذ إنشائها في عام 2008 من قبل شخص أو مجموعة من الأشخاص باستخدام الاسم المستعار ساتوشي ناكاموتو، قامت البيتكوين تمامًا بتغيير كيفية رؤية العالم للمال والأنشطة المالية. سيتم فحص عملية البيتكوين

بتفصيل في هذا القسم، بما في ذلك تكنولوجياه الأساسية، وتدفق المعاملات، وفكرة
التعدين.

البلوكشين هو قطعة رائدة في التكنولوجيا التي تشغل البيتكوين. البلوكشين هو دفتر أستاذ
لامركزي ومفتوح يتتبع جميع معاملات البيتكوين. يتم الاحتفاظ بها من خلال شبكة من
"العُقَد"، أو الحواسيب، التي تتحقق وتسجل المعاملات

كل "كتلة" في السلسلة تُمثّل مجموعة من بيانات المعاملات، ويتم تحديث دفتر كل
مشارك عند إجراء معاملة جديدة. مصطلح "البلوكشين" يشير إلى سلسلة من الكتل التي
ترتبط بواسطة هاش تشفيري للكتلة السابقة.

يحتاج كل مستخدم للبيتكوين إلى مفتاحين تشفيريين لإجراء المعاملات: مفتاح عام يعمل
كعنوان مرئي علنيًا ويمكن للآخرين نقل البيتكوين إليه، ومفتاح خاص يُستخدم للموافقة
على المعاملات والوصول إلى بيتكوين المستخدم.

عند بدء معاملة بيتكوين، يقوم المرسل بتوقيع رسالة بواسطة المدخل
(المعاملة/المعاملات الأصلية للعملات) والمبلغ والمخرج (عنوان المستلم.) يقومون بذلك
باستخدام مفتاحهم الخاص. ثم يقوم شبكة بيتكوين ببث هذه المعاملة، ويتحقق منها
المُنقبون قبل إضافتها إلى البلوكشين.

عملية إنشاء بيتكوين جديدة وإضافة معاملات إلى البلوكشين تُعرف بتعدين البيتكوين.
يستخدم المُنقبون أجهزة حاسوب قوية لحل ألغاز رياضية صعبة تُحقق كل معاملة
"جائزة البلوك" هي كمية بيتكوين جديدة يتم منحها لأول منقب يحل اللغز مقابل إضافة
كتلة جديدة إلى البلوكشين.

لضمان إدراج كتلة جديدة في البلوكشين تقريبًا كل 10 دقائق، يتم ضبط صعوبة هذه
المشكلات كل أسبوعين تقريبًا. بسبب الحاجة إلى أن يتفق غالبية منقبي الشبكة على
صحة المعاملات، يضمن هذا النهج أيضًا لفكرة البيتكوين اللامركزية.

الندرة الفطرية للبيتكوين هي واحدة من أبرز ميزاتها. تم الحد من عدد البيتكوين التي سيتم إنشاؤها على يد مبتكريها إلى 21 مليون بيتكوين. في حدث يُعرَف باسم "التقسيم"، يتم تقليص جائزة الكتلة، وهي كيفية إضافة بيتكوين جديدة إلى النظام، إلى النصف تقريبًا كل أربع سنوات.

إحدى العناصر التي تسهم في قيمة البيتكوين هي ندرتها الفطرية، والتي تشبه تلك المعدن الثمينة مثل الذهب. يتم التحكم في إمدادات البيتكوين بشكل خوارزمي، مما يجعلها مصونة من التضخم، على عكس العملات الورقية التقليدية، التي يمكن طباعتها بحرية من قبل البنوك المركزية.

تم تصور شكل جديد من العملة بفضل التوازن الابتكاري لتكنولوجيا البلوكشين والأمان التشفيري والشبكة اللامركزية التي يقدمها البيتكوين. يضمن تشغيله، الذي يستخدم شبكة عالمية من منقبي العملات، أمانه وقوته ومقاومته للرقابة.

ولكن هناك عقبات في طريق البيتكوين، مثل مشكلات التوسع، وقضايا استهلاك الطاقة والفحص التنظيمي. البيتكوين يحمل فكرة نظام مالي حيث يتم تكوين الثقة ليس عن طريق الوسطاء المركزيين بل عبر تقنية متصلة وشفافة وقابلة للتدقيق، وهي الفكرة التي يحملها البيتكوين بينما يواصل التطور والنمو.

### شرح المصطلحات: بيتكوين، بيتكوين )فرق الكتابة بالأحرف الكبيرة(

بيتكوين وبيتكوين هما مصطلحان يسببان أحيانًا الالتباس في مجال العملات الرقمية. هذان المصطلحان، على الرغم من أنهما يحملان نفس الاسم، إلا أن لديهما دلالات ومعانٍ مختلفة داخل نظام بيتكوين. بتسليط الضوء على تعاريفهما، وأدوارهما وأهميتهما، سيتم شرح كل مصطلح بشكل مفصل في هذا القسم. يمكن للأشخاص التنقل في عالم العملات الرقمية بوضوح ودقة عند فهم الفروق بين بيتكوين وبيتكوين.

كبير. تمت إدخالها "B" العملة المشفرة الأصلية والأكثر شهرة تسمى بيتكوين، بحرف في عام 2009 من قبل شخص أو مجموعة يعملون تحت اسم مستعار يدعى ساتوشي

ويعمل على السلسلة الكتلية (PoW) ناكاموتو. يعتمد بيتكوين على تقنية العمل الدليلي
وهي شبكة لامركزية نظير إلى نظير.

من دون الحاجة إلى وسطاء، يمكن تنفيذ المعاملات نظير إلى نظير بمساعدة العملة
الرقمية المعروفة باسم بيتكوين. إنها تتيح الوصول العالمي وتمكن المستخدمين من إرسال
واستقبال الأموال بشكل مجهول وبشكل آمن. توفير الشفافية وعدم القابلية للتغيير يتم
عبر سلسلة الكتل التي يستخدمها بيتكوين.

يعمل بيتكوين كعملة رقمية لامركزية تعيش فقط عبر الإنترنت. يتحكم في إنشاء وحدات
جديدة ويؤمن المعاملات باستخدام مفاهيم التشفير. بسبب طبيعته اللامركزية، لا يتم حكم
شبكة بيتكوين من قبل منظمة أو سلطة واحدة. يمكن للمستخدمين، من خلال المحافظ
الرقمية، تخزين ونقل واستلام البيتكوين.

لقد غيرت بيتكوين جوانب عدة في المشهد المالي بشكل كبير. لقد وضعت الهياكل المالية
التقليدية في اختبار، وقدمت بديلًا للأموال الورقية، وشجعت على عصر جديد من
التمويل اللامركزي. جذبت تقلبات سعر بيتكوين وقبولها من قبل المستثمرين المؤسسيين
الكثير من الاهتمام والتمويل. نتيجة للابتكار والإمكانات التي قدمها بيتكوين، تم تطوير
العديد من العملات المشفرة البديلة وتطبيقات تعتمد على تقنية سلسلة الكتل.

داخل نظام "b". أصغر وحدة في عملة البيتكوين تُشار إليها بـ "بيتكوين" بحر صغير
بيتكوين، تُستخدم كوحدة حساب وتُمثل جزءًا من بيتكوين.

الوحدة المستخدمة لقياس وإجراء المعاملات باستخدام بيتكوين هي البيتكوين نفسها. يتم
تقسيم بيتكوين إلى ساتوشي، حيث يكون بيتكوين واحد يساوي 100 مليون ساتوشي
تمامًا كما يتم تقسيم الدولار إلى سنت. نظرًا لدقة الحسابات والمعاملات التي يتيحها
استخدام بيتكوين كوحدة حساب، يمكن التعامل مع كميات متنوعة بمرونة.

ما وراء بيتكوين نفسه، يُستخدم "بيتكوين" كوحدة حساب. لقد أصبحت مستخدمة بشكل
واسع كنقطة مرجعية لتسعير وتداول العملات المشفرة الأخرى. غالبًا ما يتم مناقشة

،العملات المشفرة البديلة من حيث سعر أو قيمة البيتكوين. في سوق العملات المشفرة تجعل هذه الممارسة عمليات المقارنة والتقييم أكثر سهولة.

فهم الفروق بين بيتكوين وبيتكوين يعد أمرًا أساسيًا لفهم أغراضهما واستخداماتهما كبير، يُعبّر مصطلح "بيتكوين" عن كامل نظام العملات "B" المتنوعة. بحر المشفرة، بما في ذلك التكنولوجيا والشبكة والعملة الرقمية نفسها. بالمقابل، تُشار إلى أدنى وحدة حساب داخل تلك النظام بواسطة الكلمة الصغيرة "بيتكوين." داخل مجتمع العملات المشفرة، يتم ضمان التواصل الدقيق وتجنب الفهم الخاطئ من خلال استخدام المصطلح الصحيح بدقة

معيار لغوي هام يشرح معاني وسياقات الكلمات هو الفارق في الحروف الكبيرة بين "بيتكوين" و"بيتكوين".

من المشترك أن يتم كتابة "بيتكوين" بحرف كبير عند الإشارة إلى العملة المشفرة ككل. يبرز هذا النمط في الكتابة موقفها كالعملة المشفرة الأصلية التي نشرت فكرة العملة الرقمية اللامركزية. إنه يشير إلى تأثيرات التكنولوجيا بشكل أوسع وكيف ستؤثر على القطاع المالي.

على النقيض، "بيتكوين" بحرف صغير تشير فقط إلى وحدة الحساب المستخدمة في شبكة بيتكوين. يُستخدم لتمثيل كميات جزئية من المال الافتراضي، مما يمكن من التقييمات والمعاملات الدقيقة. عند مناقشة جوانب مختلفة لنظام العملات المشفرة، يضمن اتباع التقليد في الحروف الكبيرة والصغيرة وضوحًا ويمنع التسبب في سوء الفهم

تعتمد فعالية التواصل داخل مجتمع العملات المشفرة على الحفاظ على التوافق في استخدام الحروف الكبيرة. يتم ضمان التقييم الدقيق والنقاشات التحليلية والمعاملات الدقيقة من خلال الاستخدام الصحيح لكلمتي "بيتكوين" و"بيتكوين." يسهم اتباع هذه القواعد في تحسين الوضوح والتخلص من عدم اليقين في المحادثات حول العملات المشفرة.

على الرغم من وجود أسماء متطابقة، إلا أن لكل من "بيتكوين" و"بيتكوين" معانٍ وأدوار فريدة داخل نظا☐ العملات المشفرة. نظا☐ العملات المشفرة اللامركزي الرائد قد غير صناعة الأموال. إنه ،"B" المعرو☐ ببساطة باسم "بيتكوين"، بحر☐ كبير يعمل كشكل من أشكال العملة الافتراضية وكتمثيل لحركة العملات المشفرة الأكبر. تُستخد☐ ،"b" وحدة الحساب الأدنى داخل نظا☐ بيتكوين، والتي ترمز إليها بحر☐ صغير لتمكين المعاملات والتقييمات الدقيقة. للتنقل السليم داخل نظا☐ العملات المشفرة والمشاركة في نقاشات ذات مغزى حول التكنولوجيا والتأثيرات المالية والتطورات المستقبلية، من الضروري فهم الفروق بين هذين المصطلحين. يمكن للأفراد التحدث بدقة وبثقة في عالم العملات المشفرة الرائع من خلال جعل التعريفات وقواعد الحرو☐ الكبيرة واضحة


**التحقق من المعاملات وإضافة الكتل إلى سلسلة الكتل**

ظهور تكنولوجيا سلسلة الكتل قد قلب بشكل جوهري كيفية إجراء المعاملات وتخزين البيانات. تكمن في قلب هذا النظا☐ عمليتان أساسيتان هما التحقق من المعاملات وإضافة الكتل إلى سلسلة الكتل. تضمن هذه الإجراءات سلامة وشفافية وموثوقية الشبكة اللامركزية. يتناول هذا القسم بالتفصيل أهمية وعمليات وتأثيرات التحقق من المعاملات وإضافة الكتل. يمكن للأشخاص فهم العمليات الأساسية لتكنولوجيا سلسلة الكتل وإمكانيتها في تحويل الصناعات من خلال فهم هذه الإجراءات الأساسية.

سلسلة الكتل هي دفتر الأستاذ الموزع واللامركزي الذي يتتبع المعاملات بين عدة عُقَد أو مجموعات من الحواسيب. التوافق والشفافية وعد☐ القابلية للتغيير هي من بين مبادئها الأساسية. يتم إنشاء سلسلة الكتل عن طريق تجميع كل معاملة في كتلة وإضافة تلك الكتلة إلى سلسلة من الكتل.

من خلال إنشاء دفتر حساب رقمي لا يمكن تغييره، تمكن تكنولوجيا سلسلة الكتل من تسجيل المعاملات بطريقة آمنة وشفافة. نظرًا لأنها لامركزية، فإنه لم يعد هناك حاجة للوسطاء، مما يزيد من كفاءة المعاملات ويقلل من التكاليف. يعزز إمكان الوصول العا☐ لسلسلة الكتل، الذي يتيح لأي شخص التحقق ومراجعة المعاملات، الشفافية. بمجرد أن

تُضاف معاملة إلى سلسلة الكتل، يضمن عدم القابلية للتغيير أنه لا يمكن تغييرها أو إزالتها بدون موافقة من مستخدمي الشبكة.

تعد الآليات القائمة على الإجماع ضرورية للحفاظ على موثوقية وأمن شبكة blockchain. هذه التقنيات مسؤولة عن جلب عقد الشبكة إلى توافق في الآراء بشأن آليتين شائعتين (PoS) وإثبات الحصة (PoW) شرعية المعاملات. يعد إثبات العمل على ملكية حصة محددة في الشبكة للتحقق من (PoS) للإجماع. يعتمد إثبات الحصة من المستخدمين، المعروفين (PoW) صحة المعاملات، في حين يتطلب إثبات الحصة باسم عمال المناجم، حل الألغاز الرياضية الصعبة.

قبل أن تتم إضافة معاملة إلى سلسلة الكتل، يجب أن تخضع أولاً لعملية التحقق من المعاملة، وهي إجراء حيوي. يجعل التحقق تأكيد أن تُسجل فقط المعاملات النزيهة، مما يمنع الأنشطة غير النزيهة أو الخبيثة.

يجب الحفاظ على سلامة سلسلة الكتل في جميع الأوقات من خلال التحقق من المعاملات. تضمن الشبكة أن يتم تسجيل المعاملات الحقيقية فقط عن طريق التحقق منها، مما يمنع إدراج معاملات خاطئة أو خبيثة. تضمن هذه الإجراءات دقة المعلومات المسجلة وتعزز الثقة بين مستخدمي الشبكة.

تتم توقيع معاملات سلسلة الكتل باستخدام تواقيع رقمية فردية تم إنشاؤها بواسطة خوارزميات تشفير. تؤكد هذه التواقيع هوية المرسل، مما يضمن أن المعاملة قادمة من مصدرها الشرعي وتظل آمنة من التلاعب أثناء النقل. تقدم التواقيع الرقمية أيضًا وسيلة للتحقق من سلامة المعاملة عن طريق التأكد من أنها لم تتغير.

تتم التحقق من كل معاملة من قبل العُقَد داخل شبكة سلسلة الكتل من خلال النظر إلى التواقيع الرقمية، مما يؤكد توفر الأموال الكافية وضمان اتباع القواعد والإجراءات المحددة. يعتمد الحفاظ على أمان ونزاهة سلسلة الكتل على هذه الإجراءات التحقق.

التوافق بين عقد الشبكة ضروري لاعتبار المعاملة شرعية. تضمن آليات التوافق مثل أن يتفق عقد الشبكة على شرعية المعاملة. لا يستطيع عقد واحد تعديل PoS أو PoW

سلسلة الكتل أو إضافة معاملات كاذبة بسبب آليات التوافق. تضمن الشبكة أن يتم التحقق من المعاملات وتخويلها بواسطة غالبية المشاركين عن طريق تحقيق التوافق.

تتم إضافة المعاملات المحققة إلى كتل ثم يتم إضافتها إلى سلسلة الكتل من خلال عملية إضافة الكتل. يتم الحفاظ على التسلسل الزمني للمعاملات ونزاهة سلسلة الكتل عبر الكتل، التي تعمل كحاويات تخزين للمعاملات.

الإجراء الأساسي الذي يضمن استمرارية وأمان سلسلة الكتل هو إضافة الكتل. تتم تجميع الكتل المكونة من المعاملات المحققة ومن ثم تحميلها إلى سلسلة الكتل. يتم تخزين المعاملات في الكتل، مما يوفر خط زمني لجميع المعاملات المحققة.

تتم جمع المعاملات الصحيحة في الشبكة وتنظيمها في كتل. يحدد بروتوكول سلسلة الكتل الخاصة حجم الكتلة وعدد المعاملات التي يمكنها دعمها. تتم اختيار المعاملات استنادًا إلى مجموعة من المعايير، بما في ذلك الأولوية ورسو□ المعاملات والترتيب الزمني.

يتنافس القائمون بالتعدين للعثور ،(PoW) في سلاسل الكتل القائمة على إثبات العمل على الرقم الذي يلبي مجموعة من المتطلبات من خلال العمل من خلال الألغاز الرياضية الصعبة. يستخد□ هذا الإجراء قدرًا كبيرًا من موارد الكمبيوتر ويعمل بمثابة دفاع ضد الأنشطة الضارة. من خلال فحص التوقيعات الرقمية للمعاملات، والتأكد من وجود أموال كافية متاحة، والتأكد من اتباع قواعد الشبكة، يتحقق القائمون بالتعدين من صحة المعاملات الواردة في الكتلة.

تُنشأ سلسلة مستمرة من الكتل بمجرد التحقق من الكتلة وإضافتها إلى سلسلة الكتل الحالية. يتم ربط الكتلة المضافة حديثًا بالكتلة السابقة باستخد□ التشفير الهاشي، مما يعزز أمان وع□ القابلية للتغيير في سلسلة الكتل. يجب تحديث حالة الدفتر ليعكس المعاملات الجديدة كجزء من إضافة الكتلة إلى سلسلة الكتل.

تقد□ طرق التحقق من المعاملات وإضافة الكتل عدة فوائد تعزز أمان وشفافية وموثوقية سلسلة الكتل.

نتيجةً لعملية التحقق من المعاملات، يتم إضافة المعاملات الحقيقية والشرعية فقط إلى سلسلة الكتل. آليات التوافق في شبكة سلسلة الكتل، مثل PoW أو PoS، تضمن أن غالبية المستخدمين يتفقون على أن المعاملات هي حقيقية. طبيعة الشبكة اللامركزية والتي تعتمد على التوافق تجعل من المستحيل للمشاع الخبيث تغيير أو التلاعب بالمعاملات المسجلة بمجرد إضافة كتلة إلى سلسلة الكتل، مما يحافظ على أمان وعدم القابلية للتغيير في سلسلة الكتل

نظرًا لانفتاحها وإمكانيت الوصول إليها، توفر تكنولوجيا سلسلة الكتل شفافية وقابلية للتدقيق. يمتلك أي مستخد في الشبكة إمكانية الوصول إلى بيانات سلسلة الكتل والتحقق من شرعية وصحة أي معاملات تم تسجيلها. إمكانية الأفراد والمؤسسات لفحص والتحقق من معلومات المعاملات بشكل مستقل تعزز الثقة والمساءلة داخل الصناعات التي تستخد تكنولوجيا سلسلة الكتل.

الهيكل اللامركزي لتكنولوجيا سلسلة الكتل يقضي على الحاجة إلى الوسطاء والسلطات المركزية في المعاملات. طرق إضافة الكتل والتحقق القائمة على التوافق تضمن أن عدة عقد في الشبكة يتفقون على شرعية المعاملات، مما يعزز الثقة ويقلل من الاعتماد على سلطة واحدة. يعزز التموزج الإنتاجية، ويقلل من النفقات، ويزيد من مقاومة النظ للهجمات والأعطال النظامية.

تتعزز نزاهة وموثوقية سلسلة الكتل بشكل ع من خلال عمليات إضافة الكتل والتحقق من المعاملات. توفر التقنيات التشفيرية المستخدمة في التواقيع الرقمية وآليات التوافق مستوى عالٍ من نزاهة البيانات، مما يضمن دقة وعد القابلية للتغيير للمعاملات المسجلة. يضمن عد القابلية للتغيير في سلسلة الكتل بشكل إضافي دقة واستدامة البيانات التي تم تسجيلها.

على الرغم من فوائد إجراءات التحقق من المعاملات وإضافة الكتل، إلا أن هناك أيضًا بعض العيوب وحاجة للتحسين.

تتزايد مشكلة التوسع بشكل كبير مع استمرار تزايد شعبية تكنولوجيا سلسلة الكتل واعتمادها. عمليات التحقق وإضافة الكتل تتطلب موارد حاسوبية، مما قد يقيد بشكل

محتمل سرعة تشغيل شبكات البلوكشين وقدرتها. من أجل التغلب على هذه الصعوبات وتحقيق إمكانية معالجة أفضل ومعالجة معاملات أسرع، يقوم الباحثون والمطورون بدراسة خيارات التوسيع البديلة، بما في ذلك التجزئة وبروتوكولات الطبقة الثانية.

تثير قلقًا بشأن التأثير البيئي لتكنولوجيا سلسلة الكتل حقيقة أن آليات التوافق، وخاصة PoW، يمكن أن تكون مستهلكة للطاقة. يتم تطوير آليات التوافق البديلة، مثل PoS أو (DPoS)، في محاولة للحفاظ على أمان ونزاهة سلسلة الكتل مع استهلاك أقل للطاقة.

لتكن تكنولوجيا سلسلة الكتل قابلة للاستخدام على نطاق واسع، يتعين إقامة معايير على مستوى الصناعة وتحقيق التوافق بين مختلف شبكات البلوكشين. هناك مبادرات جارية لإنشاء أُطر وبروتوكولات تمكّن من التواصل والتعاون السلس بين مختلف أنظمة سلسلة الكتل. سيمكن التوافق من نقل الأصول والبيانات بين سلسلة الكتل المختلفة، مما يزيد من فعالية وقيمة التكنولوجيا بشكل عام.

على الرغم من أن تكنولوجيا سلسلة الكتل تعزز الشفافية، يجب أن تتوازن مع حاجة الخصوصية والسرية. هناك العديد من الطرق التي يتم التحقيق فيها لزيادة الخصوصية في سلسلة الكتل دون المساس بالأمان والنزاهة، بما في ذلك الدلائل بدون معرفة والمعاملات الخاصة.

تعتمد تكنولوجيا سلسلة الكتل بشكل كبير على إجراءات التحقق من المعاملات وإضافة الكتل لضمان أمان وشفافية وموثوقية المعاملات المسجلة على سلسلة الكتل. يتم التحقق من المعاملات من خلال التحقق، مما يؤكد شرعيتها والالتزام بالمعايير المحددة مسبقًا. إضافة الكتل تُنشئ سجلًا لا يمكن تغييره للمعاملات، مما يؤدي إلى سلسلة من المعاملات تشكل أساس سلسلة الكتل. تقوم هذه الإجراءات بتعطيل الأنظمة التقليدية وتعزيز الابتكار من خلال تمكين الثقة واللامركزية والشفافية في مجموعة من الصناعات. لتحقيق التكنولوجيا الكاملة لسلسلة الكتل وتحقيق استخدام واسع النطاق في المستقبل، سيكون من الضروري معالجة قضايا التوسع واستهلاك الطاقة والتوافق والخصوصية. مستقبل المعاملات الرقمية لا يزال يتشكل من خلال التحقق من المعاملات وإضافة الكتل، مع تعزيز نموذج جديد من الكفاءة والثقة.

## التعدين: ما هو وكيف يعمل

بدأت عصر جديد من المعاملات الرقمية اللامركزية بفضل تكنولوجيا سلسلة الكتل، والتعدين هو في صميم هذا الابتكار الرائد. نزاهة وأمان وتوافق شبكة البلوكشين يعتمد بشكل حاسم على التعدين. تقدّم هذا القسم تحقيقًا دقيقًا في التعدين، مركزًا على تعريفه ومبادئه وتأثيراته. يمكن للأشخاص أن يدركوا أهمية التعدين في نظام سلسلة الكتل وإمكانية ثورته في العديد من الصناعات عن طريق فهم تعقيدات التعدين.

يُشار إلى العملية الحوسبية للتحقق وإضافة كتل جديدة من المعاملات إلى سلسلة الكتل بمصطلح "التعدين." بالإضافة إلى إنشاء الكتل والتحقق من المعاملات، يحتفظ التعدين أيضًا بأمان الشبكة اللامركزية وتوافقها. ومن أجل حماية الشبكة وكسب المكافآت، يتنافس المنقبون لحل الألغاز الرياضية الصعبة باستخدام أجهزة قوية وبرمجيات متخصصة.

ول عملة رقمية وأشهرها، البيتكوين، هي حيث نشأت فكرة التعدين لأول مرة. قد يكون المستخدمون الفرادى في البداية قادرين على الوصول إلى التعدين باستخدام أجهزة كمبيوتر بسيطة. ومع ذلك، أصبح التعدين أكثر صعوبة واستهلاكًا للموارد مع تقدم

تكنولوجيا سلسلة الكتل وزيادة شعبيتها. لتلبية الاحتياجات المتزايدة للحوسبة في التعدين، ظهرت تجهيزات تعدين متخصصة، مثل الدوائر المتكاملة المخصصة لتطبيق معين (ASICs)

إلى القائمين بالتعدين للتنافس على (PoW) تحتاج بلوكتشين التي تستخد☐ إثبات العمل حل الألغاز الرياضية الصعبة التي تسمى وظائف التجزئة من أجل التحقق من صحة المعاملات وإضافة كتل جديدة. يُطلب من القائمين بالتعدين تحديد قيمة تجزئة معينة تلبي المتطلبات المحددة، الأمر الذي يتطلب قدرًا كبيرًا من قوة المعالجة. يتم منح أول عامل منجم blockchain ينهي التحدي الإذن بإضافة كتلة جديدة إلى ويتم مكافأته بالبيتكوين.

باختيار منشئي الكتل بناءً على حصة (PoS) من ناحية أخرى، تق☐ أنظمة إثبات الملكية في الاعتبار مقتنيات (PoS) ملكيتهم في الشبكة. تأخذ الأنظمة القائمة على إثبات الحصة المشاركين من العملات المشفرة بدلاً من الاعتماد فقط على قوة المعالجة. ويتم اختيار صانعي الكتل بطريقة حتمية، حيث يرتبط احتمال الاختيار ارتباطًا مباشرًا بحصتهم في الشبكة.

من خلال التحقق من شرعية المعاملات والتأكد من أنها تلتز☐ باللوائح المحددة مسبقًا لشبكة البلوكشين، يق☐ المنقبون بالتحقق من المعاملات. كجزء من هذه الإجراءات، يتم فحص التواقيع الرقمية، ويتم التحقق من توفر الأموال الكافية، ويتم اتباع متطلبات البروتوكول الخاصة.

بعد تحقق مجموعة من المعاملات، يق☐ المنقبون بتجميعها في كتلة وإضافة معلومات أخرى، مثل الطابع الزمني والإشارة إلى الكتلة التي تسبقها. يتم ثم نقل الكتلة عبر الشبكة حتى يمكن للعقد الأخرى التحقق منها.

تعديل بروتوكولات البلوكشين صعوبة التعدين للحفاظ على معدل ثابت لإنشاء الكتل وتنظيم إصدار العملة الجديدة. تعتمد كمية المعالجة المطلوبة للعثور على هاش صالح للكتلة على صعوبتها. من أجل تعدين كتلة بنجاح، يجب على المنقبين أن يلتقوا أولاً بالقيمة المستهدفة، والتي تُحدد بواسطة الصعوبة. يتم تعديل الصعوبة استجابةً للتغييرات في قدرة المعالجة في الشبكة للحفاظ على وقت إنتاج الكتل تقريبًا ثابتًا.

لجهودهم في حماية الشبكة وإنشاء كتل جديدة، يتلقى المنقبون أجرًا. البيتكوين الجديد الذي تم إنشاؤه ورسوم المعاملات التي يدفعها المستخدمون لتضمين معاملاتهم في الكتلة هي المكونات العادية لمكافآت الكتل. على سبيل المثال، بدأت مكافأة الكتلة في بيتكوين بمقدار 50 بيتكوين لكل كتلة وتقلص بمقدار النصف تقريبًا كل أربع سنوات. يضمن هذا النظام التنازلي للمكافأة إصدار عملات جديدة بشكل مضبوط.

أصبحت صناعة التعدين تنافسية أكثر في السنوات الأخيرة، مما يجعل من الصعب على المنقبين الفرديين المنافسة مع العمليات ذات الحجم الكبير. من أجل زيادة فرصهم في الفوز بالمكافآت، يجمع عدة منقبين قوتهم الحاسوبية في حمامات التعدين. بناءً على مساهمة كل منقب في الحسابات، توزع الحمامات المكافآت بنسبة متناسبة بين المنقبين المشاركين.

من أجل الحفاظ على الطابع اللامركزي لسلسلة الكتل، يعتبر التعدين أمرًا أساسيًا. يقوم التعدين بتوزيع السيطرة والقدرة على اتخاذ القرارات بين العديد من الهيئات عن طريق توفير حوافز للمشاركين للمساهمة بموارد الحوسبة. من خلال ضمان أنه لا يمكن لكيان واحد السيطرة على سلسلة الكتل، يرتفع أمان وثقة الشبكة بفضل آلية التوافق.

من خلال ضمان التحقق والتحقق من الصفقات من خلال التعدين، يتم تجنب الإنفاق المزدوج وغيره من السلوكيات الاحتيالية. يمكن لأي مشارك التحقق من شرعية ونزاهة الصفقات المسجلة في الكتل بسبب شفافية سلسلة الكتل. يتيح هذا الشفافية تعزيز الثقة والمساءلة وإمكانية إجراء التدقيق في صناعات استخدام سلسلة الكتل.

تتم تعزيز قوة استمرارية واستقرار شبكة السلسلة الكتلية من خلال عملية التعدين اللامركزية. من أجل عمل آلية التوافق، يجب أن يتفق غالبية المشاركين على أن الكتلة صالحة. يضمن المنقبون الموزعون أن يمكن للشبكة تحمل الهجمات أو الأعطال. تظل شبكات السلسلة الكتلية مقاومة للرقابة والقرصنة ونقاط الفشل الفردية بسبب قوتها وصلابتها.

تم PoW. يتطلب التعدين موارد معالجة كبيرة، خاصة في سلاسل الكتل ذات نموذج التعبير عن مخاوف بشأن كيفية تأثير ذلك على استدامة عمليات التعدين والبيئة. هناك

التي، PoS، مبادرات حالية للتحقيق في تقنيات التوافق أكثر كفاءة من حيث الطاقة، مثل يمكن أن تحافظ على أمان الشبكة بينما تستهلك أقل كمية من الطاقة.

هناك إمكانية أن يصبح التعدين أكثر تمركزًا، مع قليل من الكيانات القوية التي تمتلك كمية كبيرة من قوة التعدين، مع تزايد التنافس واستهلاك الموارد. يمكن أن تتعر □ خاصية اللامركزية لسلسلة الكتل للتهديد إذا استمر هذا التركيز القوي. ستواجه الابتكارات المستقبلية في مجال التعدين صعوبات في العثور على توازن بين اللامركزية والكفاءة.

تواجه التعدين تحديًا كبيرًا في توسيع شبكات سلسلة الكتل للتعامل مع زيادة عدد المعاملات. قد ينجم عن زيادة حجم المعاملات ازدح□ وزمن تأكيد مطول. يتم التعامل مع مشكلات قابلية توسيع شبكات سلسلة الكتل من خلال ابتكارات مثل التقسيم (المشاركة) والحلول من الطبقة الثانية.

آلية التعدين، التي تعتبر الآلية الأساسية لتكنولوجيا السلسلة الكتلية، تسمح بتكوين الكتلة والتحقق من المعاملات، وتأمين الشبكة. من خلال الطاقة الحاسوبية وآليات التوافق، يتنافس المنقبون لإنشاء كتل جديدة والتحقق من المعاملات. تضمن هذه الإجراءات لامركزية السلسلة الكتلية، وأمانها، وشفافيتها. سيفتح معالجة قضايا استهلاك الطاقة والتمركز والقابلية للتوسيع، مع تطور تكنولوجيا السلسلة الكتلية، الباب أم□ طرق تعدين أكثر إنتاجية وصديقة للبيئة. من خلال نهجها القائم على الحوافز، تمتلك التعدين القدرة على تحويل صناعات بأكملها، وإعادة تعريف نماذج الثقة، وإعادة تشكيل الطريقة التي ستُجرى بها المعاملات والاقتصادات الرقمية في المستقبل. يستمر التعدين في التأثير على منظومات الأنظمة غير المركزية بسبب موقعه الحيوي في تكنولوجيا السلسلة الكتلية، مما يفتح أفقًا جديدًا لمستقبل رقمي أكثر أمانًا وشفافية.

## رسوم المعاملات ومكافآت الكتلة

مع إدخال تكنولوجيا سلسلة الكتل، اتخذت المعاملات الرقمية غير المركزية نموذجًا جديدًا حيث أصبحت رسو□ المعاملات ومكافآت الكتلة أمورًا حيوية لتحفيز المشاركين وضمان سير الشبكة بسلاسة. يهد □ هذا القسم إلى استكشا□ الآليات وأهمية رسو□

المعاملات ومكافآت الكتلة في تكنولوجيا سلسلة الكتل. يمكن للأشخاص أن يتعلموا المزيد حول كيفية تحقيق الشبكات البلوكشين للأمان والاستدامة والعدالة من خلال استكشاف الآثار الاقتصادية لهذه الحوافز.

يجب على المستخدمين دفع رسوم المعاملات لتضمين معاملاتهم في سلسلة الكتل، مما يوفر للمنقبين حافزًا ماليًا لتفضيل واعتماد المعاملات. تعوّض هذه الرسوم المنقبين عن الطاقة الحاسوبية والجهد والوقت الذين يبذلونه لحماية وصيانة شبكة الكتل. تتأثر رسوم المعاملات بعدد من المتغيرات، مثل ازدحام الشبكة وحجم المعاملة. يسعى المستخدمون إلى تأكيد معاملاتهم بسرعة عندما يرتفع ازدحام الشبكة، مما يخلق سوقًا للرسوم الأعلى. تكون الرسوم الأعلى نتيجة لمعاملات أكبر تستخدم مساحة أكبر في سلسلة الكتل وتتطلب موارد حاسوبية أكبر. تحدد رسوم المعاملات بحسب ديناميات العرض والطلب يحدد المستخدمون بشكل مستقل الرسوم التي يرغبون في دفعها، ويقرر المنقبون أي معاملات يتم تضمينها في كتلة بناءً على إمكانية الربح منها. غالبًا ما يمنح المنقبون الأفضلية للمعاملات ذات الرسوم الأعلى لزيادة أرباحهم. قد يتعرض المستخدمون الذين يدفعون رسومًا أقل لفترات تأكيد أطول.

تكافؤ الكتل هي حوافز يتم منحها للمنقبين على شكل عملات رقمية بعد أن يضيفوا بنجاح كتلة جديدة إلى سلسلة الكتل. تعتبر هذه الحوافز الطريقة الرئيسية لإصدار عملات جديدة وتشجيع المنقبين على تخصيص القوة الحاسوبية لأمان الشبكة. في شبكة البيتكوين، حيث بدأت مكافأة الكتل بمقدار 50 بيتكوين لكل كتلة وتقلص تقريبًا إلى النصف كل أربع سنوات، يمكن رؤية تطور مكافآت الكتل. يحد من آلية تقليل هذه المكافأة الإجمالية للعرض الكلي للعملة الرقمية ويجعلها أكثر ندرة تدريجيًا. تُعطي مكافآت الكتل تعويضًا للمنقبين عن عملهم، وتغطي تكاليف التشغيل، وتمنحهم حافزًا ماليًا للمساهمة في تأمين الشبكة. فإن عدم وجود حوافز للكتل قد يقلل من رغبة المنقبين في تخصيص القوة الحاسوبية، مما يقلل من أمان الشبكة. تصبح رسوم المعاملات أكثر أهمية عندما تقترب إمدادات العملة الرقمية الإجمالية من الحد المحدد المسبقًا. من المتوقع أن تتولى رسوم المعاملات بدلاً من مكافآت الكتل الدور كالمصدر الرئيسي لحوافز المنقبين. يدعم هذا التغيير نظم السلسلة الكتلية التي تكون مستدامة ورابحة.

تنشأ مخاو□ كبيرة بشأن أمان الشبكة، واللامركزية، وتجربة المستخد□، واستدامة الاقتصاد من رسو□ المعاملات ومكافآت الكتل. توفر هذه الحوافز للمنقبين دافعًا للمشاركة في آلية التوافق وتوفير الطاقة الحاسوبية لحماية شبكة الكتل. تكفل أسواق الرسو□ القوية ومكافآت الكتل المعقولة تشكيل نظا□ تعدين متنوع ولامركزي، مما يقلل من إمكانية أن تحصل منظمة واحدة على سيطرة زائدة على الشبكة. تؤثر رسو□ المعاملات مباشرةً على سرعة تأكيد المعاملات؛ فالرسو□ الأكبر تؤدي إلى تسويات أسرع. يمكن للمستخدمين الراغبين في إتما□ المعاملات بسرعة أن يقرروا فر□ رسو□ أكبر. يصبح من الأمور الحاسمة بالنسبة للمستخدمين تحقيق توازن بين الوقت المرغوب للتأكيد والرسو□ المعقولة. يساعد التكلفة الاقتصادية لشبكات السلسلة الكتلية بشكل إضافي من خلال رسو□ المعاملات ومكافآت الكتل. تعتوي رسو□ المعاملات توازن تكلفة المشاركة مع القيمة المكتسبة من الشبكة من خلال تشجيع المستخدمين على دفع ثمن الموارد التي يستخدمونها. يتم تعزيز نظا□ التعدين المستد□ بواسطة مكافآت الكتل المعايرة بشكل صحيح، مما يضمن تعويض المنقبين بشكل عادل عن عملهم.

بالنسبة لشبكات السلسلة الكتلية، التوسع وفعالية سوق الرسو□ تشكل تحديات. قد تؤدي الازدحا□ إلى زيادة تكلفة المعاملات وفترات تأكيد أطول مع تزايد الشعبية. يمكن حل هذه المشكلات وتحسين فعالية سوق الرسو□ من خلال إنشاء حلول فعالة للتوسيع، مثل Sharding. بروتوكولات الطبقة الثانية أو تقنية الـ ومن أجل تعزيز تجربة المستخد□، فإن التثقيف للمستخد□ وتحسين الرسو□ ضروريان. يمكن تمكين الأفراد من تحسين رسو□ معاملاتهم والتوازن بين السعر والسرعة من خلال منحهم وصولًا إلى أدوات تقدير الرسو□ سهلة الاستخدا□ ومصادر تعليمية. استقرار سوق الرسو□ هو أيضًا قضية حيث يمكن أن تؤثر التقلبات على تصورات المستخدمين حول الشبكة وثقتهم فيها. يمكن أن تساعد تقنيات مثل نماذج تقدير الرسو□، وحدود الرسو□، وخوارزميات سوق الرسو□ في خلق بيئة سوق رسو□ أكثر استقرارًا من خلال تقليل التقلبات وتحسين تجربة المستخد□.

يجب أن تتضمن اقتصاديات سلسلة الكتل رسو□ المعاملات ومكافآت الكتل. تعوّ□ رسو□ المعاملات المنقبين عن مواردهم الحاسوبية وتشجع على التحقق السريع للمعاملات. يتم ضمان أمان شبكة الكتل واستدامتها على المدى الطويل من خلال مكافآت

الكتل، بالنسبة لأمان الشبكة ورضا المستخدم والاستدامة الاقتصادية على المدى الطويل يعتبر تحقيق توازن بين رسوم المعاملات ومكافآت الكتل أمرًا حاسمًا. مع تطور تكنولوجيا السلسلة الكتل، سيكون العبور عبر مشكلات التوسيع وتعظيم فعالية سوق الرسوم أمرًا حاسمًا لبناء نظم بلوكشين قوية وسهلة الاستخدام. يمكن للأفراد التنقل في نظم سلسلة الكتل من خلال فهم الاقتصاديات التي تقوم على رسوم المعاملات ومكافآت الكتل، مما يفتح أفق الإمكانات لإجراء معاملات رقمية آمنة ولامركزية ومستدامة ماليًا.

# الفصل الرابع

## المحافظ والعناوين والمفاتيح

شهدت المعاملات الرقمية ثورة بفضل البيتكوين، العملة المشار إليها باعتبارها الرائدة في عالم العملات الرقمية. تقع محفظة البيتكوين، وهي أداة حيوية تمكن المستخدمين من تخزين أصولهم الرقمية وإدارتها وإجراء المعاملات بها بشكل آمن، في قلب هذا النظام اللامركزي. يهدف هذا القسم إلى توفير فهم شامل لمفهوم محفظة البيتكوين من خلال فحص ميزاتها وتصنيفاتها وتدابير الأمان المتبعة، بالإضافة إلى المشهد التكنولوجي

المتغير للمحافظ. يمكن للأفراد أن يتجولوا في عالم الأصول الرقمية بأمان وثقة عندما يتعلمون تفاصيل محافظ البيتكوين.

محفظة البيتكوين هي جهاز أو برنامج يمكن المستخدمين من تخزين والتحكم في حيازاتهم من البيتكوين والتواصل معها. يتم تخزين المفاتيح التشفيرية اللازمة للوصول إلى البيتكوين ونقلها بشكل آمن بواسطتها. تقوم محافظ البيتكوين بأدوار عديدة، من توليد أزواج المفاتيح وإدارة المعاملات إلى الأمان والمصادقة. يتم إنشاء مفتاح عام ومفتاح خاص أثناء توليد أزواج المفاتيح. بينما يتم الاحتفاظ بالمفتاح الخاص بشكل سري ويُستخدم للوصول إلى البيتكوين والموافقة على المعاملات به، يعمل المفتاح العام كعنوان لمحفظة المستخدم. يمكن للمستخدمين نقل واستقبال البيتكوين عبر إدارة المعاملات، وعرض تاريخ المعاملات، وتتبع أرصدة المحفظة. تتم حماية مفاتيح المستخدمين الخاصة بواسطة إجراءات الأمان والمصادقة، التي تستخدم التشفير وحماية كلمة المرور ومصادقة العوامل المتعددة لضمان الوصول فقط للمسموح به.

هناك العديد من أنواع محافظ البيتكوين المختلفة، كلها تتمتع بميزات فريدة ومستويات حماية مختلفة. تعتبر محافظ البرمجيات ومحافظ الأجهزة ومحافظ الورق هي الأنواع الثلاثة الأكثر شيوعًا. تشمل محافظ البرمجيات محافظ الهواتف المحمولة، التي تم إنشاؤها للهواتف الذكية لتوفير سهولة الاستخدام والنقل، وكذلك محافظ الحواسيب الشخصية، التي يتم تثبيتها على الحواسيب الشخصية وتتيح إدارة وحماية كاملة. تعتمد محافظ الويب على تدابير الأمان التي يتخذها موفر محفظة البيتكوين، وهي ملائمة ويمكن الوصول إليها باستخدام متصفح الويب. تقدم محافظ الأجهزة، وهي عناصر مادية، مستوى أعلى من الأمان عن طريق الاحتفاظ بالمفاتيح الخاصة في وضع عدم الاتصال بالإنترنت. توفر محافظ الورق حلاً للتخزين غير المتصل بالإنترنت وبتكلفة منخفضة عن طريق طباعة أو كتابة المفاتيح الخاصة والعامة على ورق.

فيما يتعلق بمحافظ البيتكوين، يكون الأمان من أقصى أهمية. يتعين الحفاظ على المفاتيح الخاصة، ويتم استخدام طرق التشفير للحفاظ على سلامة المفاتيح ومنع الوصول غير المصرح به. يُشجع على استخدام كلمات المرور القوية والأصلية، حيث تضيف حماية كلمة المرور طبقة إضافية من الأمان. يزيد تقنية المصادقة متعددة العوامل أمان

المحفظة عندما يتعين طلب هوية ثانية، مثل بصمة الإصبع أو كلمة مرور لمرة واحدة. يتم حماية فقدان البيانات أو فشل الجهاز عن طريق إجراءات النسخ الاحتياطي والاسترداد، ويُنصح بعمل نسخ احتياطية لبيانات المحفظة بشكل دوري في مكان آمن خارج الاتصال أو تخزينها في السحابة. يتم ضمان أمان ونزاهة أصول البيتكوين عند اختيار خدمة محفظة موثوقة.

مع تطور التكنولوجيا، تستمر محافظ البيتكوين في التغيير. تتطلب محافظ التوقيعات المتعددة الرؤية العديدة للمفاتيح الخاصة للموافقة على عملية معينة، مما يوفر طبقة إضافية من الأمان ويقلل من احتمال التأثر بالمفاتيح. ومن أجل ضمان سهولة الاستخد  وإجراءات النسخ الاحتياطي والاسترداد الفعّالة، تق  محافظ التحقق التسلسلي الهرمي بتوليد هر  من المفاتيح من بذرة رئيسية واحدة. يق  مزج العملات وعناوين (HD) الاختفاء والمعاملات السرية مجرد بعضًا من الميزات التي تقدمها محافظ الخصوصية لزيادة التوقيع والتبادل في معاملات البيتكوين.

تشمل أدوات إدارة وتخزين واستخد  البيتكوين بشكل آمن محافظ البيتكوين. تتيح للأفراد التواصل بسهولة مع شبكة البيتكوين وتمنحهم التحكم في مفاتيحهم الخاصة. يمكن للأشخاص اتخاذ قرارات مستنيرة وحماية أصولهم الرقمية عن طريق التعر  على أنواع محافظ البيتكوين المتعددة والقضايا الأمانية التي تطرأ، وتطور تقنية المحافظ. من خلال اعتماد إجراءات آمنة للمحافظ، يمكن للأفراد أن يتجولوا في عالم البيتكوين بثقة ويستفيدوا من إمكانيات هذه التكنولوجيا الرائدة. تكنولوجيا المحافظ ستكون أمرًا أساسيًا في تحديد أمان وقابلية الاستخد  وتجربة المستخد  في مجال الأصول الرقمية مع تطور نظ  البيتكوين. يمكن للأفراد المشاركة في عالم البيتكوين بثقة وحماية أصولهم الرقمية من خلال اعتماد ممارسات آمنة للمحافظ.

## المفاتيح العامة والخاصة: نظرة عامة

في ميدان علم التشفير الحديث، تعد فكرة المفاتيح العامة والخاصة جزءًا أساسيًا في عملية ضمان سلامة المعاملات الرقمية والاتصالات. يتيح استخد  هذه المفاتيح بشكل متزامن ضمن نظ  التشفير إمكانية تشفير وفك تشفير والتحقق من التواقيع الرقمية.

يهد□ هذا القسم إلى توفير استعرا□ شامل للمفاتيح العامة والخاصة من خلال فحص تعاريفها ووظائفها، والرياضيات الأساسية التي تجعلها آمنة، وتطبيقاتها في مجموعة متنوعة من المجالات. يمكن للأفراد أن يحصلوا على فهم أفضل لأهمية الأمان التشفيري في العصر الرقمي والتأثيرات التي تترتب على سلامة البيانات وسرية الاتصالات الرقمية وجدوى المعاملات الرقمية عن طريق التعمق في تفاصيل المفاتيح العامة والخاصة.

هناك تصنيفان رئيسيان يمكن تطبيقهما على أنظمة التشفير، وهما التشفير التناظري والتشفير غير التناظري. فيما يتعلق بعمليات التشفير والفك، يستخد□ التشفير التناظري مفتاحًا واحدًا فقط، في حين أن التشفير غير التناظري، الذي يستخد□ كل من المفاتيح العامة والخاصة، قادر على التغلب على التحديات المتعلقة بتبادل المفاتيح بشكل آمن.

استخد□ المفتاح الع□ والمفتاح الخاص أمر أساسي في ممارسة التشفير بالمفتاح الع□ المعروفة أيضًا باسم التشفير غير التناظري. يمكن لأي شخص التحقق من التواقيع الرقمية أو تشفير البيانات لأن المفتاح الع□ يُوزع بحرية ويكون متاحًا للجمهور. يمكن استخد□ المفتاح الخاص لكل من عمليات فك التشفير والتوقيع، ولكن يجب أن يُحفظ دائمًا بسرية. تُستخد□ تقنيات رياضية معقدة تعتمد على الأعداد الأولية والحسابات النمطية لإنشاء زوج من المفاتيح اللازمة للوصول إلى النظ□.

ممارسة استخد□ مفتاح خاص واحد لكل من عمليات التشفير والفك هي جوهر التشفير بالمفتاح الخاص، المعرو□ أيضًا باسم التشفير التناظري. تكمن تطبيقاته الرئيسية في أساليب التشفير التناظري، التي تشفر وتفك تشفير البيانات باستخد□ نفس المفتاح في كلتا العمليتين.

كل من المفاتيح العامة والخاصة مفيدة لمجموعة من الأغرا□ ويمكن استخدامها في سياقات متعددة.

استخد□ المفاتيح العامة في علم التشفير يجعل التواصل الآمن ممكنًا من خلال توفير السرية والخصوصية. عندما يقو□ المرسل بتشفير رسالة باستخد□ المفتاح الع□ للمستلم يضمن المرسل أن الرسالة يمكن فك تشفيرها والوصول إلى محتواها الأصلي فقط من

قبل المستلم الذي يمتلك المفتاح الخاص المقابل. يتم حماية المعلومات الحساسة بهذه الطريقة خلال إجراءات الإرسال.

استخدام التشفير بالمفتاح العام ضروري جداً للتحقق من أصالة ونزاهة التواقيع الرقمية. يقوم المرسل بإنشاء توقيع رقمي فريد عن طريق توقيع رسالة بمفتاحه الخاص الشخصي. يمكن تحقق التوقيع وضمان عدم تعديل الرسالة أثناء النقل باستخدام مفتاح المرسل العام، الذي يتاح للمستلم. يساعد استخدام التواقيع الرقمية بشكل كبير في التحقق من سلامة الوثائق، والمصادقة، وعدم الرفض.

يمكن استخدام المفاتيح العامة في علم التشفير لتبادل المفاتيح بطريقة آمنة. يمكن لطرفين إقامة مفتاح سري مشترك باستخدام أساليب مثل تبادل مفاتيح ديفي-هيلمان دون تبادل مباشر للمفتاح نفسه. يضمن هذا الإجراء حماية جميع وسائل الاتصال وتشفير جميع عمليات نقل البيانات.

سلامة التشفير بالمفاتيح العامة والخاصة تعتمد ليس فقط على طول وقوة المفاتيح، ولكن أيضًا على إدارة المفاتيح بطريقة مناسبة.

طول المفتاح وصعوبة العمليات الرياضية المستخدمة في إنشائهما هما عاملان يحددان مدى أمان التشفير بالمفتاح العام والخاص. تقدم المفاتيح ذات الأطوال الأطول مقاومة محسنة ضد هجمات القوة العنيفة، مما يجعل من المستحيل حسابيًا كسر التشفير عن طريق محاولة جميع تركيبات المفتاح الممكنة.

من الضروري بشكل مطلق أن يكون هناك إدارة فعّالة للمفاتيح من أجل الحفاظ على سلامة كل من المفتاحين العام والخاص. يتعين بشكل أساسي الحفاظ بشكل آمن على المفاتيح الخاصة ومنع الوصول غير المرغوب فيه إليها في جميع الأوقات. من أجل الحفاظ على الأصالة والنزاهة، يجب أن تُنشر المفاتيح العامة فقط من خلال وسائل موثوقة.

كل من المفاتيح العامة والخاصة لديها استخداماتها في مجموعة من الميادين، بما في ذلك وشبكات الاتصال الخاصة SSH وHTTPS تطوير بروتوكولات التواصل الآمن عن مثل

في العقود القانونية والمعاملات المالية وأنظمة الاقتراع الإلكتروني، تكون (VPNs). هذه المفاتيح ضرورية للتحقق من سلامة الوثيقة، والمصادقة على الوثيقة، وضمان عد☐ الرفض للوثيقة. بالإضافة إلى ذلك، تجعل التشفير بالمفتاح العا☐ من الممكن إجراء إجراءات تبادل آمنة للمفاتيح، مما يتيح إرسال البيانات بشكل مشفر.

تستند أنظمة التشفير الحديثة على أساس المفاتيح العامة والخاصة، والتي تتحمل مسؤولية تمكين التواصل الآمن، والحفاظ على سلامة البيانات، وبناء الثقة في المعاملات الرقمية. في هذا الوقت الحالي، حيث يعتبر أمان البيانات أمرًا من أقصى أهمية، يُعتبر من المهم أن يكون لديك فهم أساسي للمبادئ والعمليات الأساسية التي تقو☐ على هذه المفاتيح. يستطيع الأفراد والمنظمات حماية المعلومات الحساسة، وإقامة قنوات اتصال آمنة، وتعزيز الثقة في الساحة الرقمية عند تطبيق سياسات إدارة المفاتيح الصحيحة والاستفادة من قوة المفاتيح العامة والخاصة. في البيئة المتغيرة باستمرار للتكنولوجيا وحماية البيانات، ستظل الأمان التشفيري القائم على المفاتيح العامة والخاصة عنصرًا حيويًا.

## عناوين البيتكوين: الإنشاء والاستخدام

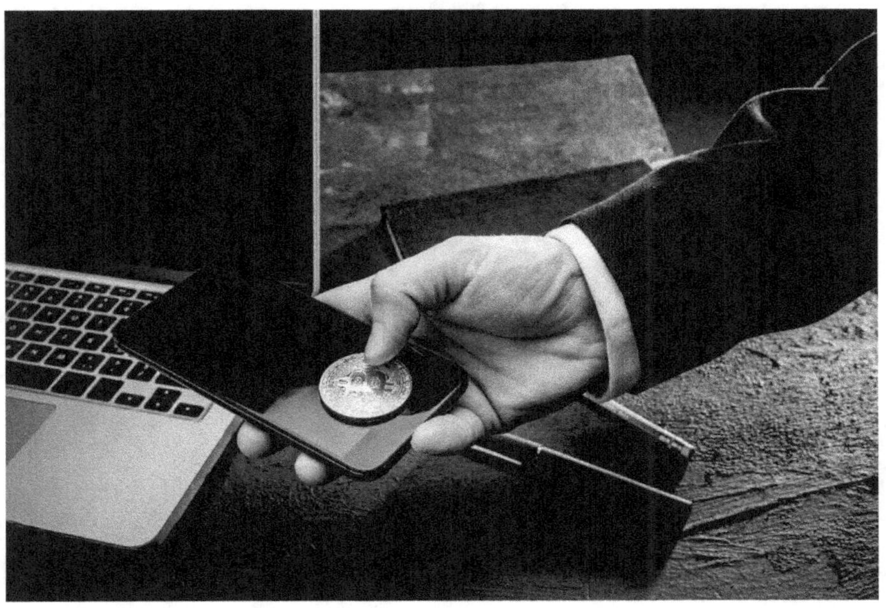

تعتمد العملة الرقمية الرائدة بيتكوين على شبكة لامركزية وعناوين فردية لتنفيذ العمليات المالية. كعلامات تعريف لإرسال واستقبال الأموال، تُعزز عناوين البيتكوين أمان وشفافية النظام. يهدف هذا القسم إلى منح القراء فهمًا شاملاً لعناوين البيتكوين من خلال استكشاف عملية إنشائها وهيكلها وتطبيقها الفعلي في سياق العمليات المالية. يمكن للأفراد التنقل بنجاح وبوضوح في عالم الأمور المالية الرقمية من خلال فهم تعقيدات عناوين البيتكوين.

تُعرّف السلاسل المكونة من أحرف وأرقام تحت مسمى "عناوين بيتكوين" وتحدد مصدر أو وجهة الأموال في شبكة بيتكوين. تعتبر هذه العناوين هويات عامة وتمكن الأفراد من قبول الأموال بشكل آمن ومفتوح من الآخرين. وتعد عناوين بيتكوين ضرورية لتأكيد تاريخ ورصيد معين لحساب معين.

تشمل متوسط عنوان بيتكوين رقم الإصدار، وهاش للمفتاح العام، وفحص التجزئة. وتكون الصيغة عادةً سلسلة من الأحرف والأرقام الهجائية، تبدأ غالبًا بالرقم "1" للعناوين العادية و "3" للعناوين متعددة التوقيع.

تأتي عناوين بيتكوين بتنوع من الصيغ، بما في ذلك Pay-to-Public-Key-Hash نقدّم كل نوع Bech32. و Pay-to-Script-Hash (P2SH)، و(P2PKH)، خصائص مميزة وتكون متوافقة مع منصات المحافظ المختلفة.

تُستخدم المفتاح الخاص والمفتاح العام من زوج المفاتيح التشفيري لإنشاء عناوين بيتكوين. المفتاح الخاص هو سر المالك، والذي يتم إنتاجه بشكل عشوائي. من المفتاح الخاص، يتم استنتاج مفتاح عام متقابل رياضيًا.

يتم عمل هاش للمفتاح العام لإنتاج عنوان بيتكوين، وغالبًا ما يتم ذلك باستخدام RIPEMD-160. و SHA-256 خوارزميات يتم إنشاء سلسلة من الأحرف والأرقام بطول ثابت تُمثل بدقة مفتاح العام كنتيجة لهذه العملية، وتُعرف باسم هاش مفتاح العام.

يُضا□ رقم إصدار إلى هاش مفتاح الع□ للتمييز بين تنسيقات العناوين المختلفة بالإضافة إلى ذلك، يتم إنشاء فحص التجزئة عن طريق عمل هاش لرقم الإصدار وهاش مفتاح الع□، ويُلحق جزء من الهاش الناتج بالعنوان. عند إدخال العناوين يدويًا، يضمن فحص التجزئة الدقة ويمنع الأخطاء النمطية.

لعر □ العنوان في تنسيق أكثر إمكانية، باستثناء الأحر□ Base58 يُستخد□ ترميز يجعل هذا الترميز العنوان أقل عرضة لأخطاء. "I" و ،"I" ،"O" ،"الغامضة مثل "0 النسخ، حيث يحول البيانات المشفرة إلى سلسلة من الأحر□ والأرق□ الهجائية.

تُستخد□ عناوين بيتكوين بشكل رئيسي لاستقبال الأموال. عندما يرغب شخص ما في استلا□ بيتكوين، يقد□ عنوانه الخاص للمرسل. ويمكن لأي شخص رؤية المبلغ وتاريخ العمليات المتعلقة بهذا العنوان بسبب شفافية سلسلة الكتل.

عند تحويل البيتكوين ، يجب تحديد عنوان البيتكوين الخاص بالمستلم كوجهة لنقل البيتكوين. يُستخد□ عنوان المستلم من قبل محفظة المرسل لإنشاء صفقة ، والتي يتم توقيعها رقميًا بمفتاح المرسل الخاص ثم بعد البث عبر الشبكة ، يتم التحقق من الصفقة وإضافتها إلى سلسلة الكتل.

طبيعة استخد□ عناوين البيتكوين لمرة واحدة تشجع على الخصوصية والأمان. إعادة استخد□ العناوين يجعل من الممكن للغير الربط بين العديد من الصفقات وكيان واحد مما يعر □ الخصوصية. من أجل حماية الخصوصية وتقليل إمكانية التحليل القائم على العنوان ، يُفضل إنشاء عنوان جديد لكل صفقة.

يمكن (HD.) يوفر مستوى إضافي من الراحة والأمان المحفظات التفوقية التسلسلية للمستخدمين إنشاء عدد لا حصر له من العناوين بشكل تحديد ، حيث يقومون بإنشاء من إجراء HD هيكل شجري تسلسلي للعناوين من بذرة رئيسية واحدة. تمكّن محافظ عمليات النسخ الاحتياطي والاسترداد بشكل آمن وتبسيط إدارة المفاتيح.

حماية المفاتيح الخاصة المصاحبة ضرورية للحفاظ على أمان عناوين البيتكوين. لحماية مفاتيحهم الخاصة من الفقدان أو الوصول غير المرغوب فيه ، يجب على المستخدمين استخدم أساليب تخزين آمنة مثل المحافظ الأجهزة أو المحافظ الرقمية المشفرة.

من الضروري بشكل روتيني إجراء نسخ احتياطية للمفاتيح الخاصة أو استخدم ميزات نسخ احتياطي للمحافظ لتقليل خطر فقدان الوصول إلى الأموال. يجب أن تكون النسخ الاحتياطية مشفرة أو مخزنة بشكل آمن بتخزين غير متصل.

من المهم تأكيد دقة العنوان الذي قدمه المرسل قبل قبول أي بيتكوين. يمكن تجنب التلاعب بالعناوين، سواء كانت غير مقصودة أو متعمدة ، عن طريق التحقق من الأحر الأولى والأخيرة ، أو باستخدم رموز الاستجابة السريعة ، أو الاعتماد على طرق موثوقة لطلب الدفع.

في نظم العملات الرقمية، تعتبر عناوين البيتكوين أمورًا أساسية لتسهيل العمليات الآمنة والمفتوحة. يستطيع الأفراد المشاركة بثقة في عالم الخدمات المصرفية الرقمية عندما يفهمون عملية التشكيل والهيكل والتطبيق العملي لعناوين البيتكوين. يستطيع المستخدمون التأكد من أن عناوين البيتكوين تُستخد بشكل آمن ومسؤول من خلال الأولوية التي يضعونها على قضايا مثل حماية المفتاح الخاص، والتحقق من العنوان، واعتبارات الخصوصية. ستسهم التحسينات والابتكارات في تحسين فعالية وأمان وخصوصية العمليات الرقمية مع استمرار تطوير شبكة البيتكوين. يمكن للأفراد إطلاق الإمكانات الكاملة لهذه التكنولوجيا الرائدة من خلال اعتماد الأفكار الرئيسية والإجراءات التي تحكم عناوين البيتكوين.

**أنواع المحافظ: المحافظ الساخنة، المحافظ الباردة، المحافظ الأجهزة، المحافظ الورقية**

فكرة المحافظ أساسية في عالم العملات الرقمية لتخزين وحماية الأصول الرقمية. المحافظ هي أجهزة معدنية أو برمجية تتيح للمستخدمين نقل واستقبال وتخزين العملات الرقمية مثل البيتكوين. تستكشف هذا القسم مختلف أنواع المحافظ، بما في ذلك المحافظ الورقية، والمحافظ الأجهزة، والمحافظ الساخنة، والمحافظ الباردة. يمكن للأشخاص الذين

يعرفون المزيد عن ميزات وفوائد ونقاط الضعف في كل نوع من المحافظ أن يقرروا كيفية حماية أصولهم الرقمية بشكل أفضل.

المحافظ الرقمية المعروفة باسم "المحافظ الساخنة" هي تلك المتصلة بالإنترنت وتمنح المستخدمين وصولاً سريعًا إلى أموالهم الرقمية. تتوفر بتنوع من الأشكال، بما في ذلك المحافظ القائمة على الويب التي يقدمها مقدمو الخدمات الخارجية، والمحافظ القائمة على البرمجيات مثل المحافظ على الحواسيب المكتبية والهواتف المحمولة. الهدف الرئيسي للمحافظ الساخنة هو منح العملاء سيطرة فعّالة على أموالهم الرقمية.

يحصل المستخدمون على وصول فوري لإرسال واستقبال العملات الرقمية بفضل المحافظ الساخنة. توفر واجهات مستخدم بسيطة تجعل عمليات المعاملات عبر شبكة العملات الرقمية سهلة. تمكّن المحافظ الساخنة المستخدمين من تتبع حيازاتهم بسهولة وإجراء المعاملات باستخدام ميزات مثل مراقبة الرصيد وتاريخ المعاملات وإدارة العناوين.

قد تكون المحافظ الساخنة عملية، ولكن من المهم أن نكون على علم بمخاطر أمانها أيضًا. يحتاج مستخدمو المحافظ الساخنة إلى أن يكونوا على علم بالنقاط الضعيفة التي تعرضهم للخطر بسبب كونهم على الإنترنت.

تتعرض المحافظ الساخنة بشكل كبير للمخاطر المتعلقة بالتهديدات عبر الإنترنت. يمكن للقراصنة مهاجمة الأنظمة المبنية على الويب أو الاستفادة من النقاط الضعيفة في محافظ البرمجيات للوصول إلى الأموال بدون إذن. يجب على المستخدمين اتخاذ احتياطات لتجنب التهديدات الشائعة مثل البرامج الضارة وهجمات التصيد. بالإضافة إلى ذلك، تدير بعض المحافظ الساخنة مقدمي خدمات طرف ثالث، مما يتطلب من المستخدمين الثقة في التدابير الأمانية التي تتخذها هذه الهيئات.

يمكن للمستخدمين اتخاذ العديد من التدابير الأمانية لتقليل مخاطر الأمان المتعلقة بالمحافظ الساخنة. عند استخدامها بالاشتراك مع كلمة مرور، تقدم المصادقة الثنائية (2FA) طبقة إضافية من الأمان. يتم تشفير المحفظة والمفاتيح الخاصة لمنع الوصول غير المصرح به. يتم تصحيح وتحديث برمجيات المحفظة بانتظام للتأكد من إصلاح أي

نقاط ضعف معروفة بسرعة. ولتقليل مخاطر استخدﱟ برمجيات المحفظة المتأثرة، فإنه من المهم أيضًا الحصول على المحافظ الساخنة من مصادر موثوقة.

المحافظ الساخنة عملية، ولكن من المهم فهم المخاطر التي قد تشكلها. يجب على المستخدمين أن يكونوا يقظين تجاه البرامج الضارة وحيل التصيد والمخاطر الأخرى عبر الإنترنت التي قد تعر ﱟ أمان محافظهم الساخنة للخطر. يتطلب تأمين حيازات العملات الرقمية رفع الوعي حول المخاطر المحتملة وتعزيز التثقيف حولها.

المحافظ الساخنة هي الخيار المثلى للأشخاص الذين يجرون عمليات تداول بشكل متكرر في العملات الرقمية أو الذين يحتاجون إلى وصول سريع إلى أموالهم. بساطة وفعالية المحافظ الساخنة تعود بالفائدة للتجار والمستخدمين النشطين وأي شخص يستخﱟ العملات الرقمية بشكل متكرر للدفع.

يُفضل على المستخدمين أن يفكروا في إدارة المخاطر وتنويع المحافظ. يمكن تقليل المخاطر المتعلقة بتخزين كل الأصول في محفظة ساخنة واحدة عن طريق توزيع الأموال عبر عدة محافظ. يمكن إضافة مزيد من درجة الأمان عن طريق وضع معظم حيازات العملة الرقمية في محافظ باردة أو محافظ أجهزة وتخصيص كمية صغيرة لمحفظة ساخنة للاستخدﱟ اليومي.

من المهم أن يتم اختيار مزودي المحافظ بنية ثقة وسجل حافل بالأمان ورضا العملاء عند اختيار المحافظ الساخنة. لضمان مصداقية واعتمادية مزود المحفظة، يعتبر البحث العميق والاستفسار الجاد أمورًا هامة.

عند استخدﱟ المحافظ الساخنة، من المهم تقييم قدرتك على تحمل المخاطر. يجب على المستخدمين تقييم كمية العملة الرقمية التي يخططون لوضعها في محفظة ساخنة وأخذ في اعتبارهم احتمال الخسارة. يجب حفظ كميات أقل عادة في المحافظ الساخنة، في حين يجب حفظ كميات أكبر في أماكن تخزين آمنة أكثر.

تقﱟ المحافظ الساخنة للمستخدمين إمكانية الوصول والسهولة عند التعامل مع أموالهم الرقمية. على الرغم من أنها توفر وصولًا فوريًا وواجهات سهلة الاستخدﱟ، إلا أنه من

المهم أن يتم النظر في التهديدات الأمنية الناتجة عن طبيعتها عبر الإنترنت. أفضل وسيلة لضمان أمان حيازات العملة الرقمية هي تنفيذ تدابير أمان قوية ومتابعة أحدث اتجاهات الأمان السيبراني واستخدا المحافظ الساخنة بحذر. يمكن للمستخدمين الاستفادة من مزايا المحافظ الساخنة مع تقليل المخاطر المحتملة من خلال اتخاذ تدابير إدارة المخاطر وتنويع محافظهم واختيار مزودين ذوي سمعة جيدة. يكون الأفراد أفضل استعدادًا لاتخاذ قرارات مستنيرة والمشاركة بثقة في عالم الخدمات المصرفية الرقمية عندما يفهمون وظيفة المحافظ الساخنة وتداولات الأمان المترتبة عليها.

المحافظ الباردة مصممة لإدارة أموال العملات الرقمية دون اتصال بالإنترنت بينما يتم تخزين المفاتيح الخاصة. تضمن المحافظ الباردة أن تظل المفاتيح الخاصة بعيدة عن المخاطر عبر الإنترنت، على عكس المحافظ الساخنة التي تكون متصلة بالإنترنت. تأتي بأشكال متنوعة، حيث يعتبر المحفظ الأجهزة والمحافظ الورقية هما الأكثر شيوعًا.

المحافظ الأجهزة هي عناصر مادية تم تصميمها لتخزين بشكل آمن مفاتيح خاصة غير متصلة بالإنترنت. إنها آمنة للغاية لأنها تستخد غالبًا تشفيرًا قويًا وتتطلب تأكيدًا فيزيائيًا للمعاملات. من ناحية أخرى، تق المحافظ الورقية بإنشاء وطباعة مفاتيح خاصة على أشياء فيزيائية مثل الورق. توفر طبقة إضافية من الحماية وتكون غير متصلة بالإنترنت بالكامل.

الدفاع ضد المخاطر عبر الإنترنت هو أحد الفوائد الرئيسية للمحافظ الباردة. يتم حماية المفاتيح الخاصة من محاولات الاختراق والبرمجيات الضارة نظرًا لأنها لا تُتيح أبدًا عبر الإنترنت، على عكس المحافظ الساخنة. تقلل المحافظ الباردة أيضًا من فرص الوقوع ضحية لحيل التصيد التي تستهد بيانات العملاء الخاصة. بالإضافة إلى توفير الأمان الفعّال، تق المحافظ الباردة حماية ضد المخاطر عبر الإنترنت. إنها تقلل من احتمال فقدان المحفظة أو الوصول غير المصرح به إلى حيازات العملة الرقمية من خلال إبقاء المفاتيح الخاصة غير متصلة بالإنترنت. لضمان أن يمكن للمستخدمين المصرح بهم فقط الوصول إلى الأموال، تضمن العديد من المحافظ الأجهزة ميزات أمان إضافية مثل مصادقة العوامل المتعددة أو الوصول المحمي بكلمة مرور. بالإضافة إلى

ذلك، تقدّ معظم المحافظ الباردة أدوات للنسخ الاحتياطي واستعادة المحافظ بأمان، مما يتيح للمستخدمين استعادة أموالهم في حالة فقدان الجهاز أو تلفه أو سرقته.

المحافظ الباردة هي الخيار المثلى لتخزين أصول العملة الرقمية على مدى فترة زمنية ممتدة. يمكن لأولئك الذين يحتفظون بنسبة كبيرة من أموالهم في المحافظ الباردة الاستفادة من زيادة الأمان ضد التهديدات المحتملة. يمكن لهذه المحافظ إنشاء بيانات معاملات موقعة يمكن بثها إلى الشبكة عندما تكون المحفظة متصلة بجهاز عبر الإنترنت، مما يجعلها قابلة للاستخدا حتى للمعاملات غير المتصلة بالإنترنت. تتيح هذه الوظيفة إجراء معاملات آمنة حتى عندما يكون هناك قلة أو عد اتصال بالإنترنت.

يُنصح بتنويع استخدا المحافظ للعثور على توازن بين الراحة والأمان. في حين يمكن الاحتفاظ بغالبية الأموال في المحافظ الباردة للحفاظ على سلامتها على المدى الطويل، يمكن استخدا المحافظ الساخنة للمعاملات اليومية. يجب أن تتلقى المحافظ الباردة بانتظا تحديثات البرامج الثابتة لضمان أنها تحتوي على أحدث ميزات الأمان وإصلاحات الأخطاء. متابعة الإجراءات الموصى بها، مثل الحفاظ بشكل آمن على نسخ احتياطية من المفاتيح الخاصة، توفر طبقة إضافية من الأمان.

تُعتبر المحافظ الباردة وسيلة قوية وآمنة لتخزين العملات الرقمية في وضع دون اتصال بالإنترنت، وتوفر الدفاع ضد التهديدات عبر الإنترنت وسرقة الأموال الفعلية. أحد الطرق لحماية أصولهم الرقمية هو الاحتفاظ بالمفاتيح الخاصة في وضع عد الاتصال بالإنترنت. تقدّ المحافظ الباردة للمستهلكين زيادة في مستوى الأمان والراحة عند حماية استثماراتهم في العملات الرقمية، سواء كان ذلك من خلال محافظ الأجهزة أو المحافظ الورقية. يمكن للأفراد زيادة أمان تخزين عملاتهم الرقمية من خلال استخدا محافظ متعددة، ومتابعة تحديثات البرامج الثابتة، واتباع أفضل الممارسات. يمكن للأفراد اتخاذ قرارات مستنيرة وتعزيز ممارسات تخزين بيتكوين الخاصة بهم من خلال التعر على ميزات المحفظة الباردة واعتبارات الأمان.

المحافظ الأجهزة هي عناصر مادية تم إنشاؤها لإدارة أموال العملة الرقمية وتخزين المفاتيح الخاصة بشكل آمن. توفر بيئة دون اتصال بالإنترنت، مما يضمن حماية المفاتيح

الخاصة من أي مخاطر عبر الإنترنت. هناك العديد من أنواع المحافظ الأجهزة المختلفة والأجهزة المتخصصة، USB بما في ذلك البطاقات الذكية، والأجهزة المستندة إلى. تستخ‭ تقنيات التشفير المبتكرة وميزات الأمان للحفاظ على سلامة المفاتيح الخاصة ومنع الوصول غير المصرح به. تق‭ المحافظ الأجهزة أعلى مستوى من الأمان مقارنة بأنواع المحافظ الأخرى لأنها تق‭ تخزينًا دون اتصال.

تأتي المحافظ الأجهزة مع العديد من فوائد الأمان. أولاً، تق‭ تخزينًا دون اتصال، مما يزيل تهديد البرامج الضارة وحيل التصيد وغيرها من التهديدات عبر الإنترنت. ثانيًا، للحماية من السرقة الفعلية أو التلاعب بالمفاتيح الخاصة، تشمل المحافظ الأجهزة في كثير من الأحيان مكونات آمنة مثل الدوائر المقاومة للتلاعب. تضيف أيضًا طبقة إضافية من الأمان من خلال طلب رقم سري خاص للوصول وإدارة أموال العملة الرقمية. وأخيرًا، تحتوي المحافظ الأجهزة غالبًا على شاشات مدمجة تمكن المستخدمين من تأكيد وترخيص المعاملات مباشرة على الجهاز، مما يقلل من احتمال التلاعب بالمعاملات.

تُعتبر سهولة الاستخد‭ أمرًا مُرَوّجًا في المحافظ الأجهزة، مما يجعلها قابلة للاستخد‭ حتى من قبل أولئك الذين لديهم فهم أساسي للتكنولوجيا. تجعل واجهاتها من السهل إنشاء عناوين، وإدارة أصول العملة الرقمية، وتأكيد المعاملات. من خلال استخد‭ تكوينات الأزرار البديهية، يمكن للمستخدمين التنقل بسرعة من خلال الخيارات المتاحة في القائمة، وعر ‭ أرصدة حساباتهم، وبدء إجراء المعاملات.

تدعم المحافظ الأجهزة العديد من العملات الرقمية، مما يتيح للمستخدمين تخزين والتحكم في مجموعة متنوعة من الأصول الرقمية في آن واحد. إنها خيار تخزين مرن لمجموعة من محافظ العملات الرقمية بسبب توافقها. واجهة المحفظة الأجهزة الموحدة تتيح للمستخدمين التعامل بسهولة مع مجموعة متنوعة من العملات والرموز، مما يقلل من عبء إدارة العملات الرقمية.

صمود المحافظ الأجهزة أم‭ التهديدات عبر الإنترنت هو أحد فوائدها الرئيسية. إنها تقضي على احتمالية الاختراق، وهجمات البرمجيات الضارة، ومحاولات التصيد عبر الإنترنت من خلال الحفاظ على المفاتيح الخاصة بعيدة عن الاتصال بالإنترنت. تق‭

التحديثات البرمجية الدورية للمحافظ الأجهزة أيضًا بمساعدة الأجهزة من خلال التعامل مع الثغرات المحتملة وضمان حصولها على أحدث ميزات الأمان وإصلاحات الأخطاء. يجب على المستخدمين شراء المحافظ الأجهزة فقط من بائعين موثوقين، ويجب عليهم التحقق من شرعية الأجهزة لتعظيم مستوى الأمان.

تقدٍ محافظ الأجهزة ميزات أمان جسدي صارمة بالإضافة إلى الحماية عبر الإنترنت. لتجنب التلاعب الجسدي أو استخراج المفاتيح الخاصة، تستخدٍ هذه الأجهزة ميزات مقاومة للتلاعب، مثل الطلاء المقاٍ للتلاعب والأختٍ والأجزاء الآمنة. حتى في حالة فقدان الجهاز أو سرقته، يمكن للمستخدمين التأكد من أن مفاتيحهم الخاصة محمية.

على الرغم من أن محافظ الأجهزة تقدٍ حماية قوية، يجب على المستخدمين أن يحرصوا على الحفاظ على أمان أجهزتهم. ويشمل ذلك الاحتفاظ ببذور النسخ الاحتياطي لمحفظة الأجهزة أو عبارات الاستعادة، التي تعد ضرورية لاستعادة المحفظة. بالإضافة إلى ذلك، يجب على المستخدمين تحديث برامج التشغيل الخاصة بهم بانتظٍ للاستفادة من أحدث التحديثات الأمانية التي يتم توفيرها من قبل صانع محفظة الأجهزة. ولتقليل مخاطر استخدٍ أجهزة مزورة أو مضروبة، من المهم التحقق من شرعية محفظة الأجهزة قبل الاستخدٍ.

بالنسبة للحفاظ على الأصول الرقمية للعملات المشفرة على المدى الطويل، خاصة الأموال الكبيرة التي لا يتم الوصول إليها بشكل متكرر، تعتبر محافظ الأجهزة هي الخيار الأمثل. يمكن للأفراد الاستفادة من أمان محسن ضد التهديدات المحتملة عن طريق وضع جزء كبير من أموالهم في محافظ الأجهزة. حيث يمكن لهؤلاء المستخدمين إنشاء بيانات تحويل موقعة، يمكن بثها إلى الشبكة عند ربط المحفظة بجهاز إنترنت، وبالتالي تكون مناسبة أيضًا للمعاملات غير المتصلة. ولضمان توفر أحدث ميزات الأمان وإصلاحات الأخطاء في محافظ الأجهزة، يجب تثبيت تحديثات البرامج بانتظٍ.

محافظ الأجهزة، التي تقدٍ تخزينًا غير متصل بالإنترنت، وتشفيرًا على مستوى عالٍ وواجهات سهلة الاستخدٍ، أصبحت الرفيق الأمثل لتخزين العملات المشفرة من حيث الأمان. توفر محافظ الأجهزة حماية لا تضاهى ضد تهديدات الإنترنت والتلاعب

الجسدي عن طريق الاحتفاظ بالمفاتيح الخاصة بشكل غير متصل بالإنترنت واستخد☐ حمايات أمان قوية. وللاستفادة من مزايا الأمان التي توفرها محافظ الأجهزة، يجب على المستخدمين اتباع أفضل الممارسات، مثل الاحتفاظ الآمن ببذور النسخ الاحتياطي وتحديث البرامج بانتظ☐ . بالنسبة لأولئك الذين يبحثون عن حماية استثماراتهم في العملات المشفرة، أصبحت محافظ الأجهزة الخيار المفضل بسبب تنوعها وبساطتها وأمانها غير المضاهى. يكون الأفراد أكثر إلمامًا لاتخاذ قرارات مستنيرة ودخول عالم الخدمات المصرفية الرقمية بثقة عندما يفهمون وظيفة محافظ الأجهزة وآثار الأمان الخاصة بها.

بطاقات المحفظة الورقية هي وثائق فيزيائية تحتوي على البيانات اللازمة لتخزين والوصول إلى أموال العملات المشفرة بدون اتصال بالإنترنت. تتألف من مفاتيح خاصة وعناوين عامة مطبوعة، والتي غالباً ما تكون عبارة عن رموز ألفا-رقمية أو رموز الاستجابة السريعة. لا تتوفر المفاتيح الخاصة للتهديدات عبر الإنترنت أبدًا نظرًا لأن بطاقات المحفظة الورقية تتم إعدادها باستخد☐ معدات غير متصلة بالإنترنت. تضيف طبقة إضافية من الأمان من خلال الاحتفاظ الت☐ بالأصول الرقمية في وضع غير متصل.

تأتي بطاقات المحفظة الورقية مع عدة فوائد أمان فريدة. إذ تكون مقاومة لمحاولات الاختراق عبر الإنترنت والفيروسات وهجمات الصيد الاحتيالي نظرًا لأنها تُنشأ وتُخزن غير متصلة بالإنترنت. يقلل خطر الوصول غير المرغوب إلى أموال العملات المشفرة بشكل كبير لأن المفاتيح الخاصة لا تتم نشرها علنياً على الإنترنت. كما تتجاوز بطاقات المحفظة الورقية الحاجة إلى الاعتماد على مزودي خدمات غير موثوقين، مما يمنح العملاء إمكانية الوصول المباشر إلى أموالهم.

إن إعداد بطاقة محفظة ورقية سهل ولا يتطلب أي معرفة تكنولوجية. يمكن إنشاء بطاقات المحفظة الورقية باستخد☐ مجموعة من الأدوات والتطبيقات عبر الإنترنت، مما يتيح للمستخدمين طباعة مفاتيحهم الخاصة وعناوينهم العامة بشكل آمن. كما أن استخد☐ بطاقات المحفظة الورقية سهل أيضاً لأن البيانات المطلوبة يمكن حفظها في شكل فيزيائي والاحتفاظ بها في مكان آمن.

من خلال الاحتفاظ بالمفاتيح الخاصة بشكل غير متصل، تقدّ بطاقات المحفظة الورقية إمكانيات تخزين باردة حقيقية. يتم إزالة خطر التهديدات الرقمية المتعلقة بالمحافظ الإلكترونية والتبادل عبر الإنترنت من خلال هذا التخزين الغير متصل. يمكن للمستخدمين تعظيم أمان أصولهم الرقمية عن طريق الاحتفاظ الآمن ببطاقات المحفظة الورقية في أماكن فيزيائية مثل الخزائن أو صناديق القفل.

من المهم العمل في بيئة آمنة وموثوقة عند إعداد بطاقة محفظة ورقية. يتعين استخدا أدوات غير متصلة موثوقة والتحقق من موثوقية البرنامج. يتحمل المستخدمون مسؤولية التأكد من أن نظا التشغيل والطابعة الخاصة بهم آمنة وخالية من البرمجيات الضارة. يجب أيضًا الحفاظ على أمان بطاقة المحفظة الورقية المطبوعة من خلال إدارة دقيقة مثل حمايتها من التلف الجسدي أو الوصول غير المصرح به.

إن استنساخ بطاقة المحفظة الورقية ضروري للنسخ الاحتياطي وزيادة الاحتياط. يجب على المستخدمين التفكير في طباعة نسخ متعددة من بطاقة المحفظة الورقية والاحتفاظ بها بشكل آمن في أماكن مختلفة حول منزلهم. يضمن هذا الإجراء أن تظل هناك نسخ احتياطية متاحة في حال تم تدمير نسخة واحدة أو فقدانها أو التعر للمخاطر، مما يتيح استرداد الأموال.

تقدّ بطاقات المحفظة الورقية أمانًا استثنائيًا، ولكن لديها أيضًا بعض العيوب. يجب استيراد المفاتيح الخاصة إلى محفظة برمجية أو عتادية للوصول إلى أموال العملات المشفرة المحفوظة في بطاقة المحفظة الورقية. يجب على المستخدمين أن يفهموا المخاطر والصعوبات المحتملة المتعلقة بهذا الإجراء، المعرو في كثير من الأحيان باسم "استعرا " المحفظة، وأن يتبعوه بعناية. نظرًا لطابعها الفعلي وضرورة حمايتها من التلف أو الفقد، قد لا تكون بطاقات المحفظة الورقية قابلة للنقل بنفس السهولة مقارنة بأنواع المحافظ الأخرى.

بالنسبة للحفظ الطويل المدى للأصول الرقمية الكبيرة التي لا يتم الوصول إليها بشكل متكرر، تعتبر بطاقات المحفظة الورقية ممتازة. من خلال الاحتفاظ بالمفاتيح الخاصة بشكل غير متصل وبعيدًا عن التهديدات عبر الإنترنت، توفر أعلى مستوى من الحماية

يجب على المستخدمين التأكد من إنتاج بطاقات المحفظة الورقية باستخدام أدوات غير متصلة موثوقة، والتعامل معها والاحتفاظ بها بشكل آمن، وإجراء عدة نسخ احتياطية في أماكن فيزيائية مختلفة. من المهم فهم المخاطر والصعوبات المرتبطة باستيراد المفاتيح الخاصة من بطاقة محفظة ورقية واستخدام الحذر عند الوصول إلى الأموال.

تقدم بطاقات المحفظة الورقية لمالكي البيتكوين خيار تخزين آمن وغير متصل بالإنترنت لأصولهم الرقمية، مما يضمن حمايتها. توفر بطاقات المحفظة الورقية أمانًا في نظام العملات المشفرة بسبب مزاياها الفريدة من حيث الأمان، وسهولة الإنشاء، وقدرتها الفعلية على التخزين البارد. لتعظيم الأمان، يجب على المستخدمين اتباع أفضل الممارسات في إنشاء البطاقة، وإدارتها، وإجراء النسخ الاحتياطي، والإجراءات الخاصة بالوصول إلى الأموال. يكون الأفراد مجهزين بشكل أفضل لاتخاذ قرارات حكيمة وحماية استثماراتهم في البيتكوين بثقة عندما يكونون على دراية بوظائف بطاقات المحفظة الورقية والاعتبارات الأمانية المتعلقة بها.

# الفصل الخامس

## شراء، بيع، واستخدام البيتكوين

### كيف وأين يمكن شراء البيتكوين

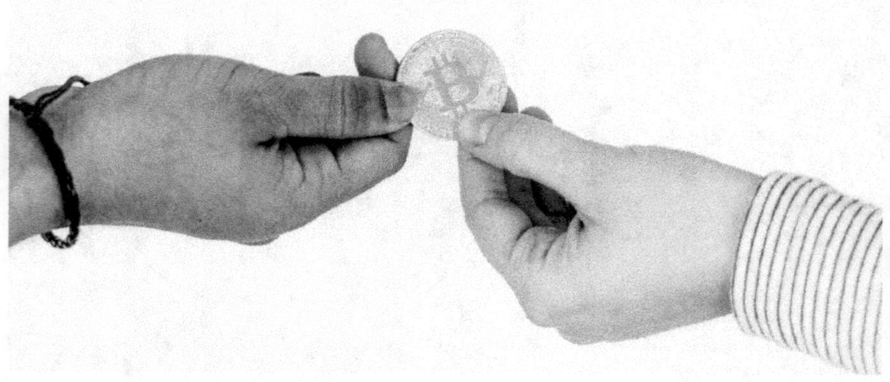

أصبحت العملة المشفرة الرائدة، البيتكوين، شديدة الشهرة في السنوات الأخيرة. فهم المنصات المختلفة والتقنيات المتاحة لشراء البيتكوين أمر ضروري لأي شخص يرغب في القيام بذلك. تقدم هذا القسم دورة تعليمية شاملة حول مكان وكيفية شراء البيتكوين يفحص العديد من الخيارات، بما في ذلك الشبكات الند للند، وبورصات العملات المشفرة، وماكينات صراف البيتكوين. يمكن للأفراد التنقل براحة في سوق البيتكوين واتخاذ قرارات حكيمة إذا كانوا يمتلكون فهمًا كاملاً لعملية الشراء والمنصات المعنية.

تسهل المتاجر عبر الإنترنت المعروفة باسم بورصات العملات المشفرة الحصول على الأصول الرقمية مثل البيتكوين وبيعها. تقدم وسيلة بسيطة ومريحة للانخراط في صناعة العملات المشفرة. من المهم اختيار بورصة موثوقة، مع مراعاة جوانب مثل السمعة والتدابير الأمنية وتجربة المستخدم ووسائل الدفع المقبولة. قبل وضع أمر شراء، الذي يمكن تنفيذه بسرعة أو تحديده كأمر حد، يجب إنشاء حساب والتحقق من الهوية. تقدم بورصات العملات المشفرة مجموعة من الميزات والبدائل التداولية لتلبية تفضيلات متنوعة.

بدون مساعدة من بورصة مركزية، يمكن للمشترين والبائعين تداول البيتكوين مباشرة باستخدام منصات الند للند (P2P). توفر هذه المنصات مزيدًا من المرونة والخصوصية. موثوقة مراجعات المستخدمين وخدمات P2P تشمل الاعتبارات عند اختيار منصة الضمان وإجراءات فض النزاع وتدابير الأمان. يمكن للمستخدمين التسجيل، والتحقق من هويتهم، وعرض القوائم، والتفاوض على الشروط مع البائعين. ومن أجل ترتيب الدفع ونقل البيتكوين من الضمان إلى محفظة المشتري، يعتبر التواصل أمرًا ضروريًا.

تتيح الآلات الفعلية المعروفة باسم ماكينات صرافة البيتكوين للمستهلكين شراء البيتكوين بالنقد أو باستخدام بطاقة الخصم أو الائتمان. يمكن استخدام الموارد عبر الإنترنت التي تقدم خرائط ودلائل مفصلة للعثور على ماكينة صرافة البيتكوين. من أجل استخدام ماكينة صرافة البيتكوين، يجب عليك أولاً البحث عن أقرب واحدة، واختيار خيار "شراء البيتكوين"، وإدخال القيمة الضرورية، وتقديم عنوان محفظة البيتكوين، ثم الدفع بالنقد أو ببطاقة الائتمان. يتم إرسال البيتكوين المشتراة بعد ذلك إلى المحفظة المخصصة.

هناك مختلف الاعتبارات الأمنية وأفضل الممارسات التي يجب اتباعها لضمان تجربة شراء بيتكوين خالية من المخاطر. تشمل هذه الاعتبارات اعتماد كلمات المرور القوية وتمكين التحقق الثنائي العامل، وحماية المحافظ الشخصية للبيتكوين باستخدام مزودين موثوقين. قبل القيام بعملية الشراء، يجب التحقيق بشكل دقيق في المنصات للعثور على منصات موثوقة وجديرة بالثقة. وللاستفادة من تحسين التدابير الأمنية، يجب على المحافظ ومنصات التداول تحديث برامجها وبرمجياتها بانتظام. يتطلب الحفاظ على بيئة آمنة التعلم المستمر ومتابعة أحدث إجراءات الأمان في صناعة البيتكوين.

من المهم التفكير بعناية في الخيارات المتاحة عند شراء البيتكوين والتعرّ□ على الإجراءات المعنية. هناك طرق مختلفة لشراء البيتكوين، كل منها يأتي مع ميزاته واعتباراته الخاصة، بما في ذلك الشبكات الند للند، وماكينات صرا□ البيتكوين وبورصات العملات المشفرة. يمكن للأفراد الدخول بثقة إلى عالم امتلاك البيتكوين من خلال اختيار منصات موثوقة وإكمال التحقق اللا□ وتنفيذ أفضل تدابير الأمان. تعتمد تجربة شراء البيتكوين الآمنة والمرضية على البقاء على اطلاع، والتكيف مع تغيرات رب إلى عمليات شراءapproach تدابير الأمان، والتعلم المستمر. من الضروري التق البيتكوين بحذر والبحث والتفاني في حماية النفس مع استمرار تطور صناعة العملات المشفرة.

## بيع البيتكوين: المنصات والعمليات

أصبحت العملة المشفرة الأولى، البيتكوين، شديدة الشهرة في السنوات الأخيرة. فهم إجراءات بيع البيتكوين أمر أساسي، حيث يزيد عدد الأشخاص والشركات الذين يستخدمون هذا الأصل الرقمي. سيقو□ هذا القسم بفحص المنصات والإجراءات المعنية ببيع البيتكوين لمساعدة القراء في اتخاذ قرارات حكيمة والتنقل بنجاح في سوق العملات المشفرة.

فهم أساسيات البيتكوين أمر بالغ الأهمية قبل البدء في بيعه. تعتمد البيتكوين على تقنية البلوكشين، وهي شبكة لامركزية تسجل بشكل آمن ومفتوح كل عملية تداول. يمكن شراء البيتكوين وتداوله وتبادله باستخد□ مجموعة متنوعة من القنوات والأسواق، وهو موجود فقط في شكل رقمي.

أشهر الأماكن لبيع البيتكوين هي بورصات العملات المشفرة. تجعل هذه الأسواق عبر الإنترنت من السهل شراء وتداول البيتكوين وغيرها من العملات المشفرة. إن بورصات معروفة مثل كوينبيس، وبينانس، وكراكن، وبيتستامب هي أمثلة فقط. يتضمن اختيار بورصة النظر في بروتوكولات الأمان، الرسو□، السيولة، البلدان المدعومة، وسهولة الاستخد□.

بالتخلص من الحاجة إلى وسيط تبادل عن طريق وضع (P2P) تقو☐ منصات الند للند المشترين والبائعين في اتصال مباشر. من بين المنصات الشهيرة للند للند تقد☐ هذه المنصات مجموعة من البدائل للدفع، بما في ذلك. Paxful و LocalBitcoins ذلك التحويلات المصرفية، وإيداعات النقد، وبطاقات الهدايا، وتوفر مكانًا آمنًا للأفراد لتبادل البيتكوين. في معاملات الند للند، من المهم استخدا☐ الحذر وتأكيد شرعية الطر☐ الآخر

عادةً ما يحتاج المستخدمون إلى التسجيل للحصول على حساب على المنصة المفضلة لديهم من أجل بيع البيتكوين. يتضمن ذلك توفير البيانات الشخصية، إكمال عمليات وإنشاء كلمة مرور قوية. يمكن أن تختلف، KYC التحقق من الهوية، أو ما يعر☐ بـ وفقًا للمنصة والسلطة القضائية KYC متطلبات.

من المهم أن يكون لديك محفظة رقمية لتخزين وإرسال البيتكوين قبل بيعها. يمكن أن أو ,)Coinbase Wallet، MyEtherWallet) تكون المحافظ على شبكة الإنترنت بناء البرمجيات )إلكترو☐ الخروج(، أو بناء الأجهزة )ليدجر، تريزور.( يتطلب حماية الأصول الرقمية اختيار محفظة موثوقة وآمنة.

يمكن أن يبدأ عملية البيع بعد إنشاء المحفظة والحساب. غالبًا ما يتوجه المستخدمون إلى ،قسم "البيع" أو "التداول" في بورصة العملات المشفرة، ويختارون البيتكوين كأصل ويدخلون الكمية أو السعر المطلوب، ثم يتحققون من تفاصيل العملية. يمكن للبائعين نشر إعلانات على مواقع الند للند تتضمن كمية البيتكوين التي يقدمونها للبيع، ووسيلة الدفع المفضلة، وأي شروط أخرى.

،تربط المنصة عر☐ البائع بالمشترين المحتملين بعد بدء الصفقة. في حالة البورصات تحدث الصفقة على المنصة نفسها، مع البورصة تعمل كوسيط لتسريع الإجراءات. تقو☐ بتوصيل المشترين المحتملين والبائعين، ويحدث النقاش وعملية التداول P2P أنظمة مباشرة بين الأطرا☐.

بمجرد تحديد المشتري والوصول إلى صفقة، يستخ☐ المشتري الطريقة المفضلة لإجراء الدفع. قد يشمل ذلك معاملات نقدية، أو تحويلات بنكية، أو أنظمة دفع عبر الإنترنت مثل

باي بال وفينمو. عادةً ما يتلقى البائع المبلغ مباشرة في محفظته المخصصة أو في حسابه على المنصة. قبل إرسال البيتكوين للعميل، يتعين التحقق بشكل حاسم من استلام المال.

يحمل بيع البيتكوين مخاطر أن يكون البائع هدفًا للغش والاحتيال ومحاولات الاختراق لحساباتهم، وتحديث برامج (2FA) يجب على المستخدمين تفعيل التحقق الثنائي المحفظة بشكل متكرر، وأخذ الحيطة عند التعامل مع الغرباء لتقليل هذه المخاطر. استخدام منصات موثوقة مع تدابير أمان قوية وتخزين البيتكوين في محفظة آمنة هو أمر أساسي.

قد يترتب على بيع البيتكوين التزامات ضريبية، وذلك اعتمادًا على البلد. لضمان الامتثال، من المهم التحدث مع خبراء الضرائب أو التعرف على قوانين الضرائب ذات الصلة. من خلال الوعي بالتداول القانوني للعملات المشفرة، يمكن للبائعين تجنب المشاكل القانونية المحتملة.

مع القدرة على تبادل الأصول الرقمية بمقابل نقدي أو استثمارات أخرى، أصبح بيع البيتكوين جزءًا حاسمًا من نظام العملات المشفرة. يمكن للأفراد أن يتنقلوا بثقة في عالم مبيعات البيتكوين من خلال اختيار المنصة المناسبة، وفهم إجراءات البيع، وتنفيذ التدابير الأمانية الأساسية. ستعتمد جدارة صفقات البيتكوين الرابحة على قدرتك على البقاء على اطلاع والتكيف مع التغييرات مع تطور سوق العملات المشفرة.

## استخدام البيتكوين في المعاملات: أين وكيف؟

أظهرت العملة الرقمية اللامركزية الأولى في العالم، البيتكوين، أنها بديل تنافسي للمؤسسات المالية المعتمدة. يتجه عدد متزايد من الأفراد والشركات إلى إجراء المعاملات باستخدام البيتكوين نتيجة لارتفاع شعبيته. ومن أجل فهم أفضل للمكان والوقت وكيفية استخدام البيتكوين في المعاملات، ستقدم هذا القسم تفاصيل حول المنصات والشركات والإجراءات المعنية.

تتم نقل القيمة من عنوان بيتكوين واحد إلى آخر أثناء عملية البيتكوين. يحتوي البلوكشين، وهو دفتر السجلات العام غير المركزي الذي يضمن الشفافية وعدم التلاعب، على سجلات هذه المعاملات. هناك مداخل )مصادر التمويل( ومخرجات )مستلمو التمويل( في كل عملية. لفهم تعقيدات استخدام البيتكوين في المعاملات بشكل كامل، يتعين فهم بنية معاملات البيتكوين.

يحتاج الأفراد إلى محفظة رقمية تمكنهم من إرسال واستقبال البيتكوين من أجل استخدامها في المعاملات. تُنشأ عناوين البيتكوين الفريدة عن طريق المحافظ وتكون أماكن لإرسال واستقبال الأموال. تتألف كل عنوان من مفتاح خاص )يُستخدم لتوقيع

المعاملات( ومفتاح ع⬚ )العنوان(، واللذان يشكلان زوج مفاتيح تشفيري. المحافظ الأجهزة والمحافظ البرمجية والمحافظ عبر الويب هي بعض من أنواع المحافظ المتاحة

يزداد الآن قبول العديد من متاجر التجزئة عبر الإنترنت للبيتكوين كوسيلة للدفع. يمكن للشركات قبول البيتكوين من خلال التكامل والإضافات من منصات التجارة الإلكترونية مثل شوبيفاي ووكوميرس. يمكن أيضًا للعملاء استخد⬚ البيتكوين لشراء المنتجات عبر الإنترنت من تجار موثوقين مثل مايكروسوفت، وأوفرستوك، ونيويغ. تساعد خدمات معالجة الدفع مثل بيتباي وكوينغيت التجار في قبول دفعات البيتكوين وحتى تحويلها إلى عملات تقليدية إذا لز⬚ الأمر.

على الرغم من أنه لا يزال الأمر نادرًا، إلا أن هناك العديد من المتاجر الفعلية والشركات التي تقبل الآن البيتكوين كوسيلة للدفع. يمكن للمطاعم والمقاهي والحانات ومتاجر التجزئة الإعلان عن رموز الاستجابة السريعة للدفع بالبيتكوين أو قبول الدفعات باستخد⬚ أجهزة الدفع المخصصة. تق⬚ الدلائل التي تدعم البيتكوين، مثل كوينماب وإيربيتز، خرائط وقوائم للشركات الفعلية التي تقبل البيتكوين.

شراء بطاقات الهدايا أو القسائم باستخد⬚ البيتكوين خيار آخر للقي⬚ بالمعاملات به. يمكن العثور على مجموعة متنوعة من بطاقات الهدايا من متاجر تجزئة معروفة على مواقع مثل إيجيفتر وجيفت، مما يتيح للمستخدمين شراء السلع والخدمات غير المباشرة من تلك المتاجر باستخد⬚ البيتكوين. عند إجراء المعاملة، تعمل هذه المنصات كوسطاء، حيث يتم تحويل البيتكوين إلى بطاقات هدايا.

يجب على الأفراد أولاً إنشاء محفظة رقمية قبل استخد⬚ البيتكوين في المعاملات. يتضمن ذلك اختيار نوع المحفظة )أجهزة، برمجيات، أو عبر الويب(، وإنشاء حساب وفقًا لتعليمات مزود المحفظة، وتأمين المفتاح الخاص المُنشأ. توفر واجهة المستخ⬚ السهلة التي تقدمها المحافظ عادةً للمستخدمين متابعة أرصدتهم من البيتكوين، وإنشاء عناوين، وبدء المعاملات.

يحتاج المرسل إلى عنوان البيتكوين للمستلم لإكمال عملية البيتكوين. يمكن للمستلم إرسال رمز الاستجابة السريعة أو مجموعة من الأحر⬚ الرقمية والحرفية كعنوان

بيتكوين. يُدخل المرسل عنوان المستلم وكمية البيتكوين المطلوبة في واجهة المعاملة في محفظته. بعد ذلك، يتم إنشاء معاملة بواسطة برنامج المحفظة، يتم توقيعها رقميًا بواسطة المفتاح الخاص للمرسل، ويتم بثها إلى شبكة البيتكوين.

لشبكة البيتكوين لانتظار (mempool) تُذاع المعاملة ثم تدخل محفظة الذاكرة الرئيسية التأكيد. يتم إضافة المعاملة إلى كتلة من قبل المُنقبين، الذين يحمون الشبكة بحل الألغاز الرياضية التحديّة. تعتبر المعاملة كاملة عندما يتم التحقق منها وتضمينها في كتلة. تتغير أوقات التأكيد حسب ازدحام الشبكة، وغالباً ما تؤدي الأسعار الأعلى إلى تسريع عملية التأكيد.

تشكل رسوم المعاملة جزءًا شائعًا من معاملات البيتكوين، مما يحفز المنقبين على إدراج المعاملة بسرعة في كتلة. تتغير رسوم المعاملة حسب ازدحام الشبكة وسرعة المعاملة المقصودة. يمكن للمستخدمين عادة اختيار مستوى الرسوم في المحافظ الرقمية وفقًا لتفضيلاتهم.

تجعل تقلبات سعر البيتكوين من الصعب استخدامه كوسيلة للتبادل. عند التعامل بالبيتكوين، يجب على العملاء والتجار أن يكونوا حذرين من تقلبات أسعار الصرف. ولمعالجة هذه المشكلة، تقدم خدمات معالجة الدفع والمحافظ في كثير من الأحيان أسعار تحويل فورية.

عند استخدام البيتكوين في المعاملات، يجب أن تكون الأمان والخصوصية في المقام الأول. يجب على المستخدمين اتباع الممارسات الموصى بها، بما في ذلك حماية مفاتيحهم الخاصة، واستخدام محافظ ذات مستويات عالية من الأمان، والانتباه إلى عمليات الاحتيال بالصيد الاحتيالي والبرامج الضارة. بالإضافة إلى ذلك، نظرًا لأن معلومات المعاملة قابلة للعرض على سلسلة الكتل العامة، يثير الطابع الشبه مجهول للبيتكوين مشكلات الخصوصية.

لدينا سياقات مختلفة تتمتع ببيئات تنظيمية مختلفة تحكم عمليات البيتكوين. ومن أجل ضمان الامتثال، يجب على المستخدمين أن يصبحوا على دراية بالقوانين واللوائح ذات الصلة، خاصة تلك المتعلقة بالضرائب ونقل الأموال وإجراءات مكافحة غسيل الأموال

مع قدرته على تيسير عمليات التبادل عبر الحدود بشكل آمن ولامركزي، أصبح البيتكوين قوة مخربة في صناعة الخدمات المالية. يمكن للأفراد الاستفادة من مزايا هذه العملة الرقمية عن طريق فهم أساسيات معاملات البيتكوين، واكتساب فهم حول المواقع التي يتم فيها قبول البيتكوين، واتخاذ الإجراءات الضرورية لاستخدام البيتكوين في المعاملات. على الرغم من الصعوبات والمخاوف، يتم تحفيز ظهور البيتكوين كوسيلة للدفع عمليًا بفعل التبني المستمر والابتكار في مجتمع البيتكوين

# الفصل السادس

## تداول واستثمار البيتكوين

### البيتكوين كاستثمار: الإيجابيات والسلبيات

لقد جذبت العملة المشفرة اللامركزية الأولى في العالم، البيتكوين، الكثير من الاهتمام كاستثمار محتمل. لقد جذبت الأفراد والمؤسسات الباحثة عن تنويع وآفاق التوسع بسبب خصائصها المميزة، التي تشمل الإمداد المحدود، واللامركزية، وإمكانية تحقيق عوائد كبيرة. هدف هذا القسم هو فحص مزايا وعيوب البيتكوين كاستثمار، موضحًا فوائدها وسلبياتها.

البلوكشين، وهو شبكة لامركزية تدعم البيتكوين، تسجل كل صفقة بشكل آمن وعلني. البيتكوين هي أصل رقمي يمكن شراؤه وامتلاكه، وربما بيعه بربح كاستثمار. إنها خيار استثماري فريد بسبب ندرتها وقابليتها للتقسيم وقابليتها للتبادل.

كان تاريخ أسعار البيتكوين متسمًا بفترات من التقلبات السعرية الملحوظة وزيادة الأسعار. رأت البيتكوين نموًا سريعًا وخسائر ملحوظة منذ إطلاقها، مما يجعلها استثمارًا جذابًا ولكنه محفوف بالمخاطر. لتقييم إمكانيات البيتكوين كأصل استثماري، من الضروري فهم أدائها التاريخي.

إحدى الأسباب الرئيسية التي يستثمر بها الأشخاص في البيتكوين هي إمكانية تحقيق عوائد كبيرة. نظرًا لطبيعتها المتقلبة، زاد سعر البيتكوين بشكل كبير على مر الوقت، مما يوفر إمكانية تحقيق مكاسب كبيرة لكل من المتبكرين وحاملي البيتكوين لفترات طويلة.

نظرًا للصلة المنخفضة للبيتكوين مع فئات الأصول التقليدية مثل الأسهم والسندات، يمكن تحقيق التنويع. عندما تفشل الأسواق التقليدية، يمكن أن يساعد إدراج البيتكوين في محفظة الاستثمار في تقليل المخاطر الإجمالية للمحفظة وربما زيادة العوائد.

نظرًا للهيكل اللامركزي للبيتكوين، يمكن للمستثمرين الوصول بسهولة إلى السوق. الاستثمار في البيتكوين متاح للجميع الذين يمتلكون اتصالًا بالإنترنت ومحفظة رقمية. أيضًا، يعمل البيتكوين في جميع أنحاء العالم، مما يمنح المستثمرين إمكانية الوصول إلى سوق كبير وسائل السيولة والذي يعمل على مدار الساعة.

البيتكوين هو تحوط مرغوب ضد التضخم والتقلب الاقتصادي بسبب كميته المحدودة وهيكله اللامركزي. يبحث بعض المستثمرين في البيتكوين كمتجر للقيمة قد يحتفظ بقوته الشرائية مع مرور الوقت عندما تتبنى الحكومات والبنوك المركزية سياسات نقدية توسعية.

بالنسبة للمستثمرين، تقلب البيتكوين هو مصدر قلق رئيسي. يمكن أن تكون التقلبات في الأسعار كبيرة وسريعة، مما قد يؤدي إلى خسائر للأفراد الذين ليسوا مستعدين أو لا يديرون المخاطر بشكل جيد. قد يكون التقلب العالي عائقًا للاستثمار المؤسسي والتبني الواسع.

البيئة التنظيمية التي تعمل فيها البيتكوين لا تزال في طور التطوير. قد يكون المستثمرون عرضة للمخاطر بسبب عدم اليقين بشأن القواعد الحكومية والضرائب والأطُر القانونية. قد يتأثر قيمة وقابلية البيتكوين كأصل استثماري بالتغييرات في التشريعات أو الإجراءات الحكومية غير المريحة.

الطلب في السوق هو ما يحدد في نهاية المطاف قيمة البيتكوين. يفتقر البيتكوين إلى القيمة الجوهرية المستمدة من الأصول الأساسية أو التدفقات النقدية، على عكس الاستثمارات التقليدية مثل الأسهم أو العقارات. نظرًا لكيفية تأثير المشاعر السوقية وقبول السوق له، فإنه عرضة للفقاعات الاستثمارية وتغييرات في الأسعار غير المتوقعة.

أمان استثمارات البيتكوين في خطر. نظرًا لأن البيتكوين يتم تخزينها بشكل رقمي، هناك دائمًا احتمالية أن يتم سرقتها أو اختراقها أو استخدامها في عمليات احتيال. يجب على المستثمرين أن يولوا أولوية عالية لتبني إجراءات أمان فعّالة، بما في ذلك استخدا☐ محافظ موثوقة، واستخد☐ المصادقة الثنائية، والبقاء في حالة تأهب للاحتيال بالصيد وغيرها من المؤامرات الاحتيالية.

المستثمرون الذين يفكرون في البيتكوين يجب أن يقوموا ببعض البحث وأخذ الحيطة. من الضروري أن يكونوا على دراية بتكنولوجيا البيتكوين، وديناميات السوق، والمخاطر المحتملة قبل استثمار أموالهم في هذه الفئة من الأصول. اتخاذ قرارات استثمار ذكية يتطلب متابعة تطورات السوق، والتغييرات التشريعية، وأخبار الصناعة.

المستثمرون يجب أن يأخذوا في اعتبارهم بعناية مدى قدرتهم على تحمل المخاطر وأن يكرسوا فقط جزء صغير من محفظتهم للاستثمار في البيتكوين بسبب تقلباته. الاستثمار في أصل واحد، مثل البيتكوين، يحمل مخاطر معينة يمكن تقليلها من خلال التنويع عبر فئات الأصول المتنوعة.

أن يكون لديك رؤية طويلة المدى هو أمر ضروري عند الاستثمار في البيتكوين. لا يجب أن تظل الفوائد الطويلة المدى المحتملة للحفاظ على البيتكوين كأصل استثمار في الظلّ القصير لتقلبات الأسعار والمشاعر السوقية. يمكن أن يساعد الاستثمار بالصبر والانضباط على تجاوز تقلبات هذا السوق.

لقد أحدث تطوير البيتكوين كشكل من أشكال الاستثمار إثارة وشك. البيتكوين هو استثمار جاذب بسبب إمكانياته لتحقيق عوائد عالية، وفوائد التنوع، وسهولة الوصول، وحماية ضد التضخم. ولكن نظرًا لتقلباته، وقضايا التنظيم، وعِ☐ وجود قيمة جوهرية ومخاو☐ الأمان، يجب أن يتم ممارسة الحذر عند اتخاذ القرارات وإدارة المخاطر. عند النظر في البيتكوين كجزء من استراتيجيتهم الاستثمارية، يجب على المستثمرين تقييم الفوائد والعيوب، وإجراء أبحاث شاملة، وتطبيق الحذر، تمامًا كما يفعلون مع أي استثمار آخر.

# تداول البيتكوين: تداول العقود الآجلة، الخيارات، التداول الفوري

أصبحت العملة المشفرة الرائدة، البيتكوين، أصول تداول شهيرة للغاية. تجذب تقلباتها الشديدة وسيولتها وإمكانية تحقيق عوائد كبيرة التجار من جميع أنحاء العالم. هد□ هذا القسم هو فحص مختلف استراتيجيات تداول البيتكوين، مع التركيز بشكل خاص على تداول الفوري، وعقود الآجل، وعقود الخيارات. يتيح فهم هذه الأدوات التجارية للمتداولين التنقل في سوق البيتكوين واتخاذ قرارات تعتمد على أهدا□ تداولهم.

ينطوي التداول في البيتكوين على شراء وبيع العملة الرقمية بنية الربح من تقلبات الأسعار. هد□ التجار هو التنبؤ بحركة سعر البيتكوين ووضع صفقات في هذا الاتجاه. نظرًا لأن تداول البيتكوين متاح على مدار 24/7، على عكس الأسواق المالية التقليدية، يمكن للتجار تحقيق أرباح من تغييرات الأسعار في أي وقت.

يشارك مجموعة متنوعة من المشاركين في السوق البيتكوين، بما في ذلك التجار البيع بالتجزئة، والمستثمرون المؤسسيين، وصناديق الاستثمار الخاصة، وشركات التداول الآلي. إن إمكانية الوصول إلى السوق وسيولتها تجذب مجموعة واسعة من التجار، مما يساعد في خلق بيئة تداول مزدهرة.

شراء أو بيع البيتكوين للتسليم الفوري يُشار إليه باسم التداول الفوري، وتتم التسوية "في اللحظة." في التداول الفوري، يحصل المشاركون على ملكية الأصل الرقمي عن طريق شراء أو بيع البيتكوين الفعلي. أبسط وأكثر الطرق تكرارًا لتداول البيتكوين هي من خلال الأسواق الفورية، التي تتضمن تبادل البيتكوين بالنقود القانونية أو العملات الرقمية الأخرى.

يحدث معظم التداول الفوري على منصات تداول البيتكوين. توفر هذه المنصات مساحة سوق حيث يمكن للبائعين والمشترين تقديم الطلبات وإتمام المعاملات. تشمل بورصات التداول الفوري المعروفة منصات مثل كوينبيس، بينانس، كراكن، وبيتستامب. لتلبية متطلبات مختلف التجار، توفر بورصات التداول الفوري مجموعة من الميزات، مثل أنواع الطلبات وأزواج التداول ومستويات السيولة.

يمكن تنفيذ طرق التداول مثل التداول اليومي، والتداول بالتأرجح، والاحتفاظ بالمدى الطويل في التداول الفوري. قد يستخدم التجار أدوات التحليل الفني، مثل الرسوم البيانية والمؤشرات وخطوط الاتجاه، للعثور على مواقع إدخال وإخراج محتملة. يمكن أيضًا أن تتأثر استراتيجيات التداول الفوري بالبحث الأساسي، الذي يتضمن تقييم الأخبار ومشاعر السوق والتغييرات التنظيمية.

عقود الآجل للبيتكوين هي منتجات مشتقة تتيح للتجار الرهان على سعر العملة الرقمية في المستقبل. تعد عقود الآجل التزامًا بشراء أو بيع البيتكوين بسعر وزمن معينين في المستقبل. يتيح تداول عقود الآجل للمستثمرين تحقيق أرباح من ارتفاع وانخفاض قيمة البيتكوين عن طريق اتخاذ مراكز طويلة )شراء( وقصيرة )بيع(.

تتم تداول عقود آجلة البيتكوين على منصات آجلة متخصصة مثل بورصة شيكاغو للسلع (CME) وبورصة التبادل القاري (ICE). يمكن إجراء تداول عقود آجلة البيتكوين في بيئة مراقبة على هذه البورصات. للوصول إلى هذه الأسواق، يجب على التجار إنشاء حساب أولاً مع وسيط آجل.

توفير الرافعة المالية، التي تمكن التجار من الاحتفاظ بمركز أكبر بكمية أقل من الأموال، هو أحد السمات الرئيسية لتداول عقود البيتكوين الآجلة. تزيد الرافعة المالية من احتمالية

تحقيق أرباح وخسائر. يستخد□ تداول عقود البيتكوين الآجلة في كثير من الأحيان تداول
الهامش، الذي يتضمن استعارة الأموال لفتح مراكز آجلة. ومع ذلك، بسبب المخاطر
.المرتفعة المرتبطة بالرافعة المالية وتداول الهامش، يجب على التجار المضي قدماً بحذر

يمكن استخدا□ عقود الآجل على البيتكوين لإدارة المخاطر. يمكن للمحافظين استخدا□
عقود الآجل لتحوط التقلبات في الأسعار، حيث يمكن أن يحموا عملياتهم من التغييرات
.غير المرغوبة في الأسعار، مثل منقبي البيتكوين أو الشركات التي تقبل دفعات البيتكوين

تعطي عقود الخيارات على البيتكوين للمستثمرين الخيار، ولكن ليس الالتز□، لشراء أو
.بيع البيتكوين بسعر محدد )سعر الإضراب( خلال إطار زمني محدد )تاريخ الانتهاء(
تسمح الخيارات للتجار بتكوين استراتيجيات مرنة في التداول عن طريق السماح لهم
.بالتنبؤ بتغييرات الأسعار أو الدفاع عن المراكز الحالية

تحدث تداول خيارات البيتكوين على منصات خيارات متخصصة مثل ديريبيت وليدج
إكس. توفر هذه المنصات للتجار وصولًا إلى سوق حيث يمكنهم شراء وبيع عقود
الخيارات. مماثلة لتداول الآجل، يتعين على التجار فتح حساب مع وسيط خيارات
.للوصول إلى هذه الأسواق

شراء خيارات الشراء )الرهان على ارتفاع السعر(، شراء خيارات البيع )الرهان على
انخفا □ السعر(، وبيع الخيارات )تحقيق دخل من جمع العلاوة( هي بعض من
الاستراتيجيات التي يمكن أن يستخدمها التجار عند تداول خيارات البيتكوين. عند تنفيذ
استراتيجيات الخيارات، يجب على التجار مراعاة بعناية تحمل المخاطر والأفق الزمني
.وتوقعات السوق

.تقد□ الارتفاعات الكبيرة في قيمة البيتكوين فرصًا ومخاطر للمستثمرين على حد سواء
يمكن أن تؤدي التغييرات السريعة في الأسعار إلى تحقيق مكاسب أو خسائر كبيرة. يجب
.على التجار إدارة المخاطر المرتبطة بالتداول في سوق متقلبة وتقليلها

قد تكون الامتثال للتنظيم ضروريًا عند تداول عقود البيتكوين الآجلة والخيارات. لتجنب المشاكل القانونية، يجب على التجار التأكد من أنهم على دراية بجميع التشريعات القابلة للتطبيق في منطقتهم.

لحماية أموالهم وتقليل الخسائر المحتملة، يجب على التجار إعداد خطط قوية لإدارة المخاطر. تتطلب إدارة المخاطر الفعالة تقييمًا دقيقًا للمخاطر، وتحديد حجم المراكز وتنفيذ أوامر وقف الخسارة. كما يتطلب التداول الناجح التعلم المستمر ومتابعة التطورات في السوق.

توجد فرص متنوعة في تداول البيتكوين للتجار للاستفادة من تغييرات الأسعار في سوق العملات المشفرة. يمكن الحصول على ملكية مباشرة للبيتكوين من خلال تداول الفوركس على منصات تبادل العملات المشفرة، ولكن تداول العقود الآجلة والخيارات يوفران أدواتٍ تصويرية للتكهن وإدارة المخاطر. قبل بدء استراتيجية تداول البيتكوين يجب على التجار تحليل أهدافهم التجارية، ومدى تحملهم للمخاطر، وخبرتهم في السوق بعناية. كل استراتيجية تداول لها فوائدها واعتباراتها الخاصة. يمكن للتجار التنقل في سوق البيتكوين بثقة أكبر واتخاذ قرارات تداول حكيمة من خلال الوعي بميكانيكيات تداول الفوركس، وعقود الآجلة، وعقود الخيارات.

## استراتيجيات الاستثمار في البيتكوين بالدولار: HODL، التكلفة المتوسطة، التداول

أصبح البيتكوين، العملة المشفرة الأكثر شهرة في العالم، خيار استثمار مرغوب فيه للأفراد الذين يتطلعون إلى تنويع محافظهم والربح من نموه المستقبلي. ومع ذلك، يتطلب استثمار البيتكوين مراعاة دقيقة لمختلف النهج قبل البدء. يقوم هذا القسم بفحص ثلاث طرق محبوبة لشراء البيتكوين: التداول، والتكلفة المتوسطة بالدولار، و HODLing (الاحتفاظ طويل الأمد.) يمكن للمستثمرين اتخاذ قرارات مستنيرة وفقًا لأهدافهم الاستثمارية ومدى تحملهم للمخاطر من خلال معرفة هذه الأساليب.

على فكرة الاحتفاظ بالبيتكوين لفترة طويلة بتوقع أن قيمته HODL تعتمد استراتيجية رغبتهم في البيع خلال تقلبات السوق HODLers سترتفع مع مرور الوقت. يؤجل القصيرة للتركيز على الإمكانات الطويلة للبيتكوين.

تحفز فكرة هودلنج على الاعتقاد بأن إمدادات البيتكوين محدودة وأن سعره سيرتفع في المستقبل. هد□ هودلرز هو الاستفادة من عوائد طويلة الأجل قابلة للتوسع عن طريق الاحتفاظ بالبيتكوين لفترة طويلة. إن فكرة أن البيتكوين سيظل يتزايد في قيمته مع مرور الوقت هي أساس هذه الاستراتيجية.

ومع ذلك، تأتي هودلنج مع مخاطر معينة. بسبب تقلبات البيتكوين، هناك خطر فقدان للمحتفظين )هودلرز( الذين لا يديرون أصولهم بعناية خلال تقلبات الأسعار الكبيرة. يتطلب النجاح في هودلنج السيطرة العاطفية والتفكير طويل الأمد والقدرة على تحمل تراجعات السوق.

تداول البيتكوين يشمل شراء وبيع العملة الرقمية بشكل عدواني للاستفادة من التغيرات السريعة في الأسعار. لتحديد الفرص المحتملة للدخول والخروج من صفقاتهم، يفحص التجار اتجاهات السوق والمؤشرات الفنية وعناصر أخرى.

تأتي استراتيجيات التداول بأشكال متنوعة، مثل السكالبينج، وتداول الركوب، وتداول اليو□. يضع التجار اليوميون العديد من الصفقات في يو□ واحد للاستفادة من التقلبات الطفيفة في الأسعار. يحاول متداولو الركوب الربح من التقلبات في الأسعار على المدى المتوسط من خلال الاحتفاظ بالمراكز لبضعة أيا□ إلى عدة أسابيع. يربح السكالبير من الفروق الطفيفة في الأسعار من خلال إجراء العديد من الصفقات السريعة.

يتضمن تداول البيتكوين الاحترا□ في التحليل الفني، وإدارة الخطر الصارمة، ومتابعة السوق بشكل مستمر. يجب إدارة المخاطر بعناية، ويجب تطوير تقنيات التداول، ويجب أن يكون التجار على استعداد لقبول الخسائر المحتملة. يتطلب التداول الناجح السيطرة العاطفية، والتعلم المستمر، والتكيف مع ظرو□ السوق.

بغض النظر عن سعر البيتكوين، يستخدم المستثمرون تقنية الاستثمار بالتكلفة المتوسطة لشراء كمية محددة من العملة المشفرة بشكل منتظم على مر الوقت (DCA) بالدولار. يمكن للمستثمرين شراء المزيد من البيتكوين عندما تكون الأسعار منخفضة وأقل عندما تكون الأسعار مرتفعة من خلال الاستثمار بشكل منتظم لمبلغ ثابت.

لم يعد هناك حاجة لتوقيت السوق وأقل خطر مرتبط بإجراء استثمارات DCA، مع كبيرة بأسعار غير مواتية. من خلال السماح لهم بتوسيط سعر الشراء على مر الوقت، يمكن للمستثمرين تقليل تأثيرات تقلبات السوق على المدى القصير بشكل محتمل. يمكن للمستثمرين المشاركة في النمو، DCA باستخدام استراتيجية منضبطة مثل في اعتباره حجم الاستثمار، وتكرار العمليات DCA الطويل الأجل للبيتكوين. يأخذ يتم زيادة مبلغ الاستثمار خلال DCA، الشرائية، وفترة الاستثمار. في بعض أشكال انخفاضات السوق، أو يتم تغيير النهج استجابة لظروف السوق.

عند اتخاذ قرار بشأن استراتيجية الاستثمار في البيتكوين، يجب على المستثمرين مراعاة فترة الاستثمار الزمنية، وأهداف الاستثمار، ومدى تحمل المخاطر. يعتبر الاحتفاظ طويل الأجل )هودلنج( مناسبًا للمستثمرين طويلي الأمد الذين يمكنهم التعامل مع تقلبات السوق، في حين يتطلب التداول مشاركة نشطة ومهارات إدارة المخاطر. بالنسبة للمستثمرين الذين يبحثون عن تعر □ طويل الأجل للبيتكوين، تعتبر تقنية التكلفة أكثر فعالية (DCA) المتوسطة بالدولار.

يجب وضع إجراءات إدارة المخاطر الخاصة بالاستراتيجية المختارة. ويتضمن ذلك وضع أهداف استثمارية معقولة، وتنويع حمولات الاستثمار، واستخدام أوامر وقف الخسارة أثناء التداول. تتطلب إدارة المخاطر الفعالة مراجعات دورية للمحافظ، والتعلم المستمر، ومتابعة آخر التطورات في السوق.

يجب أيضًا أن يأخذ المستثمرون في اعتبارهم الآثار القانونية والتنظيمية للاستثمار في البيتكوين، مثل الضرائب، ومتطلبات التقارير، والامتثال للقوانين المحلية. من أجل ضمان الامتثال وتجنب المشاكل القانونية، يتعين فهم النظام القانوني في اختصاص الشخص.

الاستثمار في البيتكوين يفتح آفاقا للتنمية والتنوع. "الهودل" )يمسك(، والتداول، وتقنية التكلفة الدولارية المتوسطة هي ثلاث تقنيات مختلفة يمكن استخدامها حسب تحمل المخاطر وتفضيلات المستثمر. على عكس التداول، الذي يسعى لتحقيق ربح من تقلبات الأسعار القصيرة الأجل، تقد تقنية التكلفة الدولارية المتوسطة نهجا منظما لتراكم البيتكوين تدريجيا. كل تقنية لها فوائد فريدة، وتحديات، واعتبارات إدارة المخاطر. يمكن للمستثمرين التنقل في سوق البيتكوين واتخاذ اختيارات استثمارية حكيمة من خلال تحليل دقيق لهذه الاستراتيجيات ومطابقتها مع أهدافهم الاستثمارية

# الفصل السابع

# إدارة المخاطر في استثمار البيتكوين

### فهم التقلبات ومخاطر السوق

نظرًا لإمكانية تحقيق عوائد عالية، جذبت البيتكوين، أول عملة مشفرة، الكثير من الاهتما☐ كأداة استثمارية. يجب على المستثمرين، ومع ذلك، فهم وتقييم مخاطر السوق وتقلبات البيتكوين بشكل صحيح. هد☐ هذا القسم هو تزويد القراء بفهم شامل لمخاطر السوق وتقلباته عند الاستثمار في البيتكوين. يمكن للمستثمرين اتخاذ قرارات مستنيرة وإدارة بنجاح المخاطر المتعلقة بالاستثمار في البيتكوين من خلال الوعي بهذه القضايا.

تُعرَّ☐ تقلبات البيتكوين بالتغييرات السريعة والكبيرة في أسعار السوق للعملة المشفرة. يتأثر تقلب البيتكوين بعدة عوامل، منها الطلب والمشاعر السوقية، والتغييرات التشريعية، والاعتبارات الاقتصادية الكبرى، والتحسينات التكنولوجية، والاهتما☐ الإعلامي، والمشاعر العامة لمشاركي السوق بشكل ع☐. يتعين فهم تقلبات البيتكوين تاريخيًا بشكل أساسي لتقييم المخاطر والفوائد المحتملة للاستثمار في العملة المشفرة.

منذ إطلاقها، شهدت أسعار البيتكوين تقلبات ملحوظة. تظهر البيانات التاريخية فترات تصحيح سريعة بعد زيادات سريعة في الأسعار. تُعتبر هذه التغيرات في الأسعار فرصًا ومخاطر للمستثمرين. لذلك، يعتبر فهم والتحكم في التقلبات أمرًا حاسمًا للاستثمار الفعّال في البيتكوين.

يجب على المستثمرين أن يكونوا على علم بالعديد من المخاطر السوقية المتعلقة بالاستثمار في البيتكوين. من بين هذه المخاطر: سوق السيولة وتأثير السعر، ومخاطر

الأمان، ومخاطر التكنولوجيا، وتلاعب السوق والاحتيال. تشمل أيضًا المخاطر التنظيمية والقانونية.

يتغير المشهد التنظيمي المحيط بالبيتكوين، مما يشكل مخاطر في القطاعين التنظيمي والقانوني. يمكن أن يؤثر التغيير في التشريعات أو تدخل الحكومة على السعر واستخدام البيتكوين. لضمان الامتثال وتجنب المشاكل القانونية المحتملة، يحتاج المستثمرون إلى متابعة التحديثات في المتطلبات القانونية والتنظيمية في اختصاصهم الجغرافي.

الاستثمار في البيتكوين يعتبر صعبًا بسبب سيولة السوق وتأثير السعر. يمكن أن تصبح السوق غير سائلة في فترات التقلب الشديد، مما يؤدي إلى تضخم التقلبات في الأسعار ويجعل من الصعب تنفيذ الصفقات بالأسعار المرغوبة. يمكن أن تؤثر الطلبات الكبيرة للشراء أو البيع بشكل كبير على سعر البيتكوين، مما يزيد من حدوث الانزلاق في الأسعار ويسبب بالتالي خسائراً محتملة للمستثمرين.

شراء البيتكوين يحمل مخاطر أمان متأصلة. تعتبر العملات المشفرة عرضة لمحاولات الاختراق، والسرقات، والاحتيال بسبب هيكلها اللامركزي. يجب على المستثمرين إيلاء أهمية عالية لتبني تدابير أمان فعّالة، بما في ذلك استخدام محافظ موثوقة، واستخدام المصادقة ثنائية العوامل، واليقظة تجاه محاولات الاحتيال والمخططات الاحتيالية الأخرى

التكنولوجيا التي تقوم على البيتكوين، والتي تُعرف بتقنية البلوكشين، تحمل مخاطر تقنية معينة. يمكن أن تتأثر موثوقية وكفاءة شبكة البيتكوين بعيوب البرمجيات وازدحام الشبكة وقضايا التوسع. لتقليل المخاطر المرتبطة، يجب على المستثمرين أن يكونوا على دراية بالتقدمات التكنولوجية والمخاطر المحتملة والتحديثات.

تشمل المخاطر السوقية الفريدة لسوق العملات المشفرة الاحتيال وتلاعب السوق. نظرًا لهيكلها اللامركزي والمستوى المنخفض للتنظيم، يكون البيتكوين عرضة للاحتيال وتلاعب السوق. لتجنب المخططات الاحتيالية، يجب على المستثمرين إجراء البحث الجاد والتفاعل مع منصات موثوقة.

يمكن للمستثمرين استخدا☐ مجموعة من التدابير لإدارة التقلبات ومخاطر السوق المرتبطة بالاستثمار في البيتكوين.

إحدى تقنيات إدارة المخاطر المعروفة هي التنويع. يمكن للمستثمرين تقليل التأثير المحتمل لتقلبات البيتكوين على أدائهم الاستثماري العا☐ عن طريق توزيع أصولهم عبر فئات الأصول الأخرى. يمكن أن تساعد الاستثمارات في الأصول الأكثر تأسيسًا مثل الأسهم والسندات والعقارات في تقليل المخاطر الناجمة عن تقلبات سوق البيتكوين.

تعتمد إدارة المخاطر بشكل حاسم على توزيع الأصول ومدى تحمل المخاطر. يجب على المستثمرين أن يأخذوا في اعتبارهم بعناية مدى تحمل المخاطر وأهدا☐ الاستثمار عند توجيه الأموال إلى البيتكوين. تحديد أهدا☐ التوزيع المناسبة وفقًا لمستوى تحمل المخاطر يمكن أن يساعد في تحقيق توازن بين الفوائد والمخاطر المحتملة للاستثمار في البيتكوين في محفظتهم بأكملها.

قبل القيا☐ بأي استثمار في البيتكوين، يعد تحليل المخاطر والبحث الجاد أمرًا حاسمًا يجب على المستثمرين إجراء دراسة شاملة، ووزن المخاطر والمكاسب، ومتابعة اتجاهات السوق والتغييرات التشريعية والتق☐ التكنولوجي. يمكن للمستثمرين اتخاذ قرارات حكيمة وإدارة استثماراتهم بكفاءة من خلال تقييم المخاطر المحتملة.

في الأسواق ذات التقلب الشديد، يمكن تقييد الخسائر المحتملة من خلال طرق التخفيف من المخاطر مثل أوامر وقف الخسارة. تعد أمر وقف الخسارة توجيهًا لبيع البيتكوين تلقائيًا إذا انخفض سعره أدنى مستوى معين. يساعد هذا النهج خلال فترات انخفا ☐ السوق في تجنب تكبد المستثمرين لخسائر كبيرة.

التعلم المستمر والوعي هما أمران أساسيان لإدارة مخاطر السوق والتقلب بشكل فعال عند الاستثمار في البيتكوين.

للبقاء على اطلاع بتغيرات ديناميات السوق للبيتكوين، يجب على المستثمرين مواصلة التعلم المستمر. يشمل ذلك فهم التحليل الفني، واتجاهات السوق، والتحليل الأساسي

وتقنيات إدارة المخاطر. يمكن للمستثمرين تقليل المخاطر، والتكيف مع التغيرات في ظرو◻ السوق، واتخاذ قرارات مستنيرة بمساعدة التعليم.

تقييم المخاطر والفرص المحتملة في عمليات البيتكوين يتطلب أن يكون المستثمرون على دراية بآخر أخبار السوق، واتجاهات الصناعة، والتطورات التشريعية، والتقد◻ التكنولوجي. للبقاء على اطلاع، يجب على المستثمرين الاشتراك في مصادر أخبار موثوقة، والمشاركة في المنتديات ذات الصلة، والتفاعل مع مجتمع العملات المشفرة بشكل ع◻.

المستثمرون الذين يفكرون في الاستثمار في البيتكوين يجب أن يمتلكوا فهمًا شاملاً لمخاطر السوق وتقلباته. يجب على المستثمرين توازن المخاطر والفوائد بعناية لفهم سبب تقلب البيتكوين بشكل كبير. المخاطر السوقية، مثل تلك المتعلقة بالتشريعات والقانون، والسيولة، والأمان، والتكنولوجيا، وتلاعب السوق، تتطلب إدارة حذرة للمخاطر.

تنويع الاستثمارات، وتوزيع الأصول، وتقييم المخاطر، واستخد◻ أدوات التخفيف من المخاطر هي بعض أمثلة تقنيات إدارة المخاطر التي قد يستخدمها المستثمرون. تعتمد إدارة المخاطر الناجحة على التعلم المستمر ومتابعة سوق البيتكوين. يمكن للمستثمرين تجاوز الأسواق الطارئة للبيتكوين وإدارة المخاطر المتعلقة باستثماراتهم من خلال اتباع نهج حذر وذو معرفة.

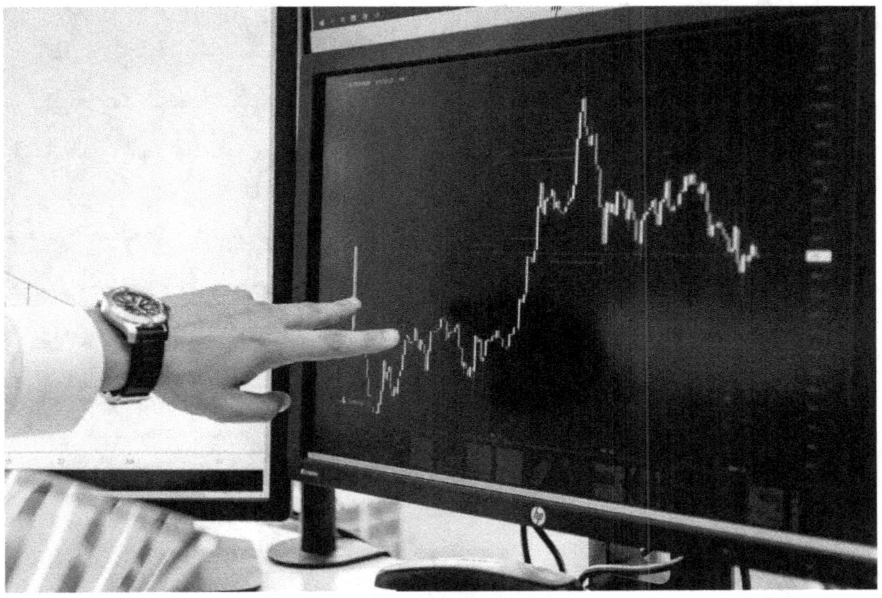

فهم شامل لتقنيات إدارة المخاطر ضروري للاستثمار في الأسواق المالية، خاصة في سوق البيتكوين القابل للتقلب. تشمل التقنيات الرئيسية لإدارة المخاطر التي تم مناقشتها في هذا القسم، التنويع، ووقف الخسائر، وتحديد حجم الموقع، والتحوط، وإجراء البحث الجاد. يمكن للمستثمرين تقليل الخسائر المحتملة بنجاح وزيادة نجاحهم العام في سوق البيتكوين من خلال تنفيذ هذه الاستراتيجيات.

يعد تخصيص الاستثمارات بين مجموعة متنوعة من فئات الأصول طريقة أساسية لإدارة المخاطر تسمى التنويع. يمكن للمستثمرين توزيع مخاطرهم على مجموعة متنوعة من الأصول والحد من تعرضهم لأي استثمار واحد، مثل البيتكوين، من خلال تنويع محافظهم الاستثمارية. ويقلل هذا النهج من التأثيرات المحتملة للأداء الضعيف لاستثمار واحد على المحفظة ككل ويساعد على الوقاية من تقلبات السوق. يمكن للمستثمرين بناء محفظة استثمارية أكثر شمولاً واستدامة من خلال التنويع.

من خلال استخدام وقف الخسائر، يمكن للمستثمرين تحديد نقاط الخروج الثابتة لاستثماراتهم، وهي أداة إدارة مخاطر حاسمة. باستخدام أمر وقف الخسارة، يُخبر

الوسيط ببيع الأصل إذا انخفض سعره أدنى مستوى معين. يمكن للمستثمرين تقليل الخسائر المحتملة وحماية أموالهم في حالة التغييرات غير المرغوب فيها في الأسعار عن طريق تحديد وقف الخسارة. يضمن وقف الخسارة أن يتنازل المستثمرون عن مراكزهم عند الحاجة لتقليل الخسائر، مما يساعد في فر □ الانضباط والتخلص من اتخاذ القرارات العاطفية.

تحديد حجم الموقع هو عملية تخصيص الأموال للاستثمارات المحددة. يمكن للمستثمرين اختيار الحجم المناسب لحصصهم في العديد من الأصول، بما في ذلك البيتكوين، من خلال تقييم تحملهم للمخاطر وأهدا□ الاستثمار بعناية. لا يتعر □ المستثمر لكمية زائدة من المخاطر من خلال أي استثمار واحد، بفضل تحديد الموقع السليم. يمكن للمستثمرين الحفاظ على محفظة متوازنة وتقليل التأثير المحتمل لأي استثمار واحد على ثروتهم الإجمالية عن طريق تقليل تعرضهم للمخاطر من خلال تحديد الموقع.

تقنية إدارة المخاطر تُسمى "التحوط" وهي الاحتفاظ بالمراكز لمواجهة الخسائر المحتملة في استثمارات أخرى. يمكن للمستثمرين تحويط مراكزهم في سوق البيتكوين عن طريق استخد□ عدة استراتيجيات. على سبيل المثال، يمكنهم استخد□ الخيارات أو عقود الآجلة لحماية أنفسهم من انخفاضات الأسعار المحتملة. يمكن للمستثمرين تقليل تعرضهم للمخاطر الهابطة مع الحفاظ على الكمية المرغوبة من المشاركة في الارتفاع المحتمل لأصولهم باستخد□ استراتيجيات التحوط. يعتبر التحوط نوعًا من التأمين، حيث يحمي المستثمرين من التغييرات غير المرغوب فيها في السوق.

يجب على أي مسعى استثماري تنفيذ الاستفسار الدقيق كاستراتيجية رئيسية لإدارة المخاطر، وشراء البيتكوين ليس استثناءً. قبل اتخاذ قرار الاستثمار، يجب على المستثمرين إجراء دراسة وتحليل وافر. يتضمن ذلك تحليل الأسس الأساسية للبيتكوين وفهم التكنولوجيا الأساسية، وتحديد حركات السوق، ومتابعة التغييرات التشريعية. تساعد الاستفسار الجاد في اختيار الأصول، وتحديد المخاطر المحتملة، وتجنب الاستثمارات الخطرة أو غير النزيهة.

،مكون رئيسي لإدارة المخاطر هو تقييم نسبة المخاطر والمكافأة. قبل استثمار الأموال يجب على المستثمرين تقدير العناية بالمخاطر والمكافآت التي قد تنتج. غالبًا ما تكون المخاطر أعلى للاستثمارات ذات العوائد المحتملة الأعلى. يجب على المستثمرين إيجاد توازن بين الربح المحتمل وكمية المخاطر التي يرغبون في تحملها. يمكن للمستثمرين اتخاذ قرارات تتماشى مع أهدافهم الاستثمارية وقدرتهم على تحمل المخاطر من خلال إجراء تحليل شامل لنسبة المخاطر والمكافأة.

المراقبة المستمرة واستعراضات المحافظ بشكل دوري ضرورية لاستمرار عملية إدارة المخاطر. يجب على المستثمرين مراجعة أداء استثماراتهم بشكل دوري، وتحليل حالة السوق، وتعديل محافظهم حسب الحاجة. يمكن للمستثمرين اكتشا☐ المخاطر المحتملة والاستفادة من الفرص؛ وضبط طرق إدارة المخاطر بمراقبة دقيقة لاستثماراتهم. يتم الحفاظ على استراتيجية الاستثمار في خط مع أهدا☐ المستثمر وقدرته على تحمل المخاطر من خلال تقييمات المحفظة الدورية.

لتحقيق النجاح في الاستثمار في سوق العملات المشفرة، بما في ذلك البيتكوين، يجب تنفيذ تدابير فعّالة لإدارة المخاطر. تشمل أساليب إدارة المخاطر الهامة التنويع، ووضع حدود للخسائر، وتحديد حجم المراكز، والتحوط، والاستفسار الدقيق، وتحليل نسبة المخاطر والمكافأة، والمراقبة المستمرة. يمكن للمستثمرين تقليل الخسائر المحتملة وحماية أموالهم، وزيادة فرص نجاحهم على المدى الطويل في سوق العملات المشفرة عن طريق دمج هذه الاستراتيجيات وتخصيصها وفقًا لملامح المخاطر الفردية وأهدا☐ الاستثمار. يمكن للمستثمرين التعامل مع طبيعة التقلب في استثمار البيتكوين بثقة أكبر وتحقيق أهدافهم المالية إذا كان لديهم استراتيجية إدارة مخاطر شاملة.

## المخاطر التنظيمية: نظرة عامة على العالم

المشهد التنظيمي الذي تعمل فيه صناعة العملات المشفرة، بما في ذلك البيتكوين، هو معقد ويختلف بين الدول. يجب على المستثمرين أن يكونوا على علم بالمخاطر التنظيمية المتعلقة بالبيتكوين حيث يكافح الحكومات والوكالات التنظيمية للتعامل مع ظهور العملات المشفرة. تقد☐ هذه الفقرة تحليلاً دقيقاً لقضايا التنظيم العالمية في صناعة

العملات المشفرة، مستعرضة مواقف الدول المختلفة وتأثيراتها المحتملة على مستثمري البيتكوين.

النهج المتنوع ومستويات القبول المختلفة عبر الدول تعر □ المشهد التنظيمي للعملات المشفرة.

هناك عدة جهات في الدول المتقدمة مثل الولايات المتحدة مسؤولة عن الرقابة التنظيمية. تتم مراقبة العرو □ الأمنية، وتداول الأدوات المشتقة، والضرائب المتعلقة بالعملات وهيئة تداول، (SEC) المشفرة بشكل كبير من قبل هيئة الأوراق المالية والبورصات الآجلة، (CFTC) ومكتب الإيرادات الداخلية، (IRS).

في الاتحاد الأوروبي (AMLD5) تم تنفيذ التوجيه الخامس لمكافحة غسل الأموال لتشمل العملات المشفرة ضمن نطاق قوانين مكافحة غسل الأموال. كما يق□ (EU) أعضاء الاتحاد الأوروبي بإنشاء قواعدهم الخاصة ومعايير الترخيص لبورصات العملات المشفرة ومقدمي الخدمات.

وبورصات العملات المشفرة، وأنشطة، (ICOs) تم حظر عرو □ العملة الأولية التعدين في الدول النامية مثل الصين، حيث اتخذت الحكومة موقفاً قوياً ضد العملات المشفرة. ومع ذلك، هناك أيضا رغبة متزايدة في التحقيق في كيف يمكن استخد□ تكنولوجيا البلوكتشين في مختلف الصناعات.

في البداية البنوك (RBI) اعتمدت الهند موقفا حذرا؛ حيث منع بنك الاحتياطي الهندي من التعامل مع الكيانات المرتبطة بالعملات المشفرة. تم رفع الحظر في النهاية من قبل المحكمة العليا الهندية، مما يسمح للأفراد الخاصين والكيانات التجارية بالتداول في العملات المشفرة.

المستثمرون في البيتكوين يخضعون لعدة مخاو□ تنظيمية يمكن أن تؤثر على استثماراتهم وعلى سوق العملات المشفرة بشكل أوسع.

التباين الناشئ عن التغيرات في بيئة التنظيم للبيتكوين يسبب التقلب في السوق. يمكن أن تتأثر سعر البيتكوين والمشهد العا؟ للسوق بشكل كبير بالتحركات التنظيمية، والإعلانات، أو تغييرات في التشريعات. لتوقع المخاطر المحتملة وتفاعلات السوق يجب على المستثمرين أن يبقوا على اطلاع دائم على التطورات التنظيمية.

غالبًا ما تفر؟ ؟ أنظمة التنظيم متطلبات الامتثال والإبلاغ على شركات البيتكوين وضوابط مكافحة غسل الأموال، (KYC) "والبورصات." إجراءات "تعر؟ على عميلك وتقارير المعاملات هي بعض أمثلة هذه اللوائح. يمكن أن تؤثر التكاليف، (AML) والعقبات الإدارية المرتبطة بالامتثال على كيفية تشغيل شركات البيتكوين وقد تؤثر بشكل غير مباشر على المستثمرين.

قد تقلل التشريعات التي تفر؟ ؟ حظرًا على التداول أو قيودًا على تداول العملات المشفرة من إمكانية الوصول وسيولة أسواق البيتكوين. المستثمرون في البلدان ذات التشريعات الصارمة قد يواجهون صعوبات عند شراء أو بيع أو حتى حيازة البيتكوين، مما قد يقيد قدرتهم على استغلال فرص السوق.

توجد قوانين الضرائب للعملات المشفرة مختلفة من مكان إلى آخر. يجب على المستثمرين فهم الآثار الضريبية للاستثمار في البيتكوين، بما في ذلك ضرائب الربح الرأسمالي، ومتطلبات الإبلاغ، واستقاءات الضرائب المحتملة. يمكن أن تنتج الإخلالات والقضايا القانونية عن عد؟ الامتثال لمتطلبات الضرائب.

المستثمرون في البيتكوين لديهم العديد من الخيارات للتعامل مع المخاطر التنظيمية.

متابعة وسائل الإعلا؟ الموثوقة والمجلات التجارية والإعلانات الرسمية من هيئات التنظيم ستساعد مستثمري البيتكوين على البقاء على اطلاع دائم بشأن التغييرات التنظيمية. يمكن للمستثمرين التنبؤ بالمخاطر المحتملة وتعديل استراتيجيتهم الاستثمارية حسب الحاجة عندما يكونون على علم بالتطورات التنظيمية.

قبل الاستثمار في البيتكوين، يجب إجراء استفسار دقيق. يجب على المستثمرين اختيار بورصات العملات المشفرة الموثوقة، وأن يكونوا على علم بقوانين التنظيم في

ومكافحة غسل (KYC) "اختصاصهم الجغرافي، واتباع إجراءات "تعرّ□ على عميلك يمكن للمستثمرين تقليل مخاطر المشاكل القانونية وحماية أموالهم من (AML). الأموال خلال الامتثال لمعايير التنظيم.

استمرار التنويع في أن تكون استراتيجية مهمة لإدارة المخاطر. يجب على المستثمرين في البيتكوين التفكير في تنويع استثماراتهم عبر عدة عملات مشفرة وأصول تقليدية ومناطق جغرافية. يمكن للمستثمرين تقليل تأثير المخاطر التنظيمية على أداء استثماراتهم الإجمالي من خلال تنويع استثماراتهم.

المشاركة في جهود الدعوة يمكن أن تساعد في خلق أطُر تنظيمية مفيدة. يمكن لمستثمري البيتكوين الانضم□ إلى منظمات مهنية، والمشاركة في نقاشات صانعي السياسات والتعبير عن مخاوفهم وتقديم توصياتهم. قد يكون لدى المستثمرين القدرة على التأثير على القوانين بطريقة تعزز الابتكار مع الحفاظ على حماية المستثمرين من خلال المشاركة الفعّالة في النقاشات التنظيمية.

قطاع العملات المشفرة مليء بالمخاطر التنظيمية، ويجب على مشتري البيتكوين أن يتعاملوا مع بيئة قانونية معقدة. تختلف استراتيجيات الدول المختلفة بشكل كبير عن بعضها البعض، مما يشكل مشاكلًا وعد□ تيقن. لتقليل المخاطر التنظيمية، من الضروري فهم تأثيراتها المحتملة، والبقاء على اطلاع دائم، وإجراء الاستفسار الدقيق، وضمان الامتثال، وتنويع الاستثمارات، والمشاركة في أنشطة الدعوة. يمكن للمستثمرين أن يوضعوا في موقع يسمح لهم بالتعامل مع التغيرات في البيئة التنظيمية واستغلال الإمكانيات الطويلة الأمد للبيتكوين من خلال تقليل نشاطات المخاطر التنظيمية.

# الفصل الثامن

## شوكات البيتكوين وبدائلها

**،ما هي الانشطارات في عالم البيتكوين؟ شرح مع أمثلة: بيتكوين كاش بيتكوين إس في**

على مرّ الزمن، خضعت أول عملة رقمية في العالم، البيتكوين، لعدد من الانشطارات. وبيتكوين إس في (BCH) جاءت مؤسسات هذه الانشطارات، مثل بيتكوين كاش من شبكة البيتكوين الأصلية، وأسفرت عن إنشاء عملات رقمية فريدة. بهد□ ،(BSV) توفير معرفة شاملة للقراء حول الانشطارات في عالم البيتكوين، ستناقش هذه الفقرة طبيعتها، وأسباب حدوثها، والحالات الخاصة لبيتكوين كاش وبيتكوين إس في.

عندما يحدث تفرع في سلسلة الكتل الأصلية للبيتكوين لتصبح سلسلتين مختلفتين، يحدث انشطار، مما يؤدي إلى تكوين عملة رقمية جديدة بالإضافة إلى البيتكوين الأصلي. يحدث ذلك نتيجة لتباين في تاريخ المعاملات في سلسلة الكتل ناتج عن تغيير في قواعد البروتوكول التي تحكم شبكة البيتكوين.

يمكن أن تكون الانشطارات في شبكة البيتكوين نوعين: نوع ناعم أو نوع صلب. الانشطار الناعم هو تحديث متوافق مع الإصدارات السابقة ويضيف قواعد جديدة ولا يزال يعمل مع سلسلة الكتل الحالية. من ناحية أخرى، الانشطار الصلب هو تحديث لا يتوافق مع الإصدارات السابقة ويتطلب من جميع المستخدمين اعتماد الإرشادات الجديدة. وهذا يؤدي إلى انشطار دائم في سلسلة الكتل.

الجدل المتواصل حول التوسع هو أحد الأسباب الرئيسية لحدوث الانشطارات في عالم البيتكوين. أثيرت المحادثات حول قابلية الشبكة نتيجةً لحجم الكتل المقيد وقدرة المعاملات في البيتكوين. أدت الطرق المتباينة لحل هذه المشكلة نتيجةً لتباين وجهات النظر إلى حدوث انشطارات تهد□ إلى إنتاج عملات رقمية ذات قدرة توسع محسنة.

الخلافات حول إدارة الشبكة الأصلية للبيتكوين أو تحديثات البروتوكول يمكن أن تؤدي بالإمكان إلى حدوث انشطارات في عالم العملات المشفرة. وجهات نظر مختلفة حول حجم الكتل في البروتوكول، وتكاليف المعاملات، وتقنيات التوافق، وعناصر أخرى قد تؤدي إلى تطوير عملات رقمية فريدة بمجموعة مختلفة من اللوائح.

تعرضت الشبكة الأصلية للبيتكوين لانشطار صلب في أغسطس 2017، مما أدى إلى عن طريق زيادة حجم الكتلة من 1 ميجابايت إلى 8 (BCH). إنشاء عملة بيتكوين كاش ميجابايت، تمكنت من زيادة قدرة معالجة المعاملات مع معالجة مشاكل قابلية التوسع في البيتكوين.

بسبب حجم كتلها الأكبر، الذي يسمح بإتما□ المزيد من المعاملات في كل كتلة، تبرز عملة بيتكوين كاش عن بيتكوين. يهد□ هذا الحجم الكتلي الأكبر مقارنةً بالبيتكوين الأصلي إلى تقديم معاملات أسرع وأقل تكلفة. يتم أيضًا استخدا□ أسلوب مستقل لضبط الصعوبة في بيتكوين كاش، مما يجعلها أكثر استجابة للتغييرات في سرعة هاش الشبكة.

لقد دعمت مجتمعٌ ملتز□ من المطورين والمُنقبين والمستخدمين عملة بيتكوين كاش. وقد أصبحت الآن مُتَّسَعَةً على نطاق واسع كوسيلة للدفع وتم تضمينها في عدد من منصات تبادل العملات المشفرة. ورغم ذلك، فقد أثارت أيضًا جدلًا وانتقادات بشأن حلولها لقابلية التوسع وقضايا التمركز.

في نوفمبر 2018، خضعت سلسلة كتل بيتكوين كاش لانشطار صلب مثير للجدل، مما أو رؤية بيتكوين ساتوشي. الهد□ ،(BSV) أدى إلى إنشاء عملة بيتكوين إس في الرئيسي لبيتكوين إس في هو استعادة الرؤية الأصلية لبيتكوين، كما يعتقد أنصارها أن ساتوشي ناكاموتو كان يراها.

مع التركيز على حجم كتل أكبر وإمكانيات التوسع للمعاملات على سلسلة الكتل، تسعى بيتكوين إس في إلى الحفاظ على نظ□ بيتكوين الأصلي. وهي تهد□ إلى تمكين إنشاء الأعمال والتطبيقات على الشبكة، مع الالتز□ الصار□ بتغييرات البروتوكول الحد الأدنى.

يدعم مجموعة معينة من المطورين والشركات بيتكوين إس في لأنهم يعتقدون أن لديها إمكانيات للتوسع وتتسق مع مفه□ بيتكوين الأصلي. ومع ذلك، كانت أيضًا موضوع خلافات وانتقادات، بما في ذلك الجدل حول إدارتها واحتياطات حول تمركزها.

لقد تغيرت أسواق العملات المشفرة نتيجة لظهور انشطارات البيتكوين مثل بيتكوين كاش وبيتكوين إس في. أدت هذه الانشطارات إلى ظهور عملات رقمية أخرى ذات أهدا□ متخصصة ومجموعة من تفضيلات المستخدمين. بالإضافة إلى ذلك، قدمت فرصًا للتجار والمستثمرين لتنويع استثماراتهم والمشاركة في نمو النظم البلوكشين الأخرى.

أحدثت الانشطارات في عالم العملات المشفرة خلافات وصراعات داخل المجتمع. يتسبب دعم أنصار الانشطارات المختلفة في غالب الأحيان في آراء متباينة حول قابلية التوسع والإدارة ومسار مشروع البيتكوين. أشعلت هذه الاختلافات مناقشات وخلافات مستمرة داخل المجتمع، مما أثر على كيفية تطوير النظ□ البيئي للعملات المشفرة في المستقبل.

تعتبر انشطارات شبكة البيتكوين مثل بيتكوين كاش وبيتكوين إس في تطورات هامة في تطور سوق العملات المشفرة. نشأت هذه الانشطارات من منظورين وطرق متنوعة للتعامل مع تحديثات البروتوكول والإدارة وقابلية التوسع. تجلب الانشطارات تعقيدات وانقسامات في نظ□ العملات المشفرة، مع فتح أبواب الابتكار والتخصيص. يمكن للمستثمرين والعشاق التنقل في المشهد المتغير للعملات المشفرة واتخاذ قرارات حكيمة بشأن مشاركتهم في هذه النظم المختلفة للبلوكشين من خلال فهم طبيعة الانشطارات في البيتكوين، ودوافعها، وأمثلتها.

بينما يظل البيتكوين هو العملة المشفرة الأكثر شهرة وأهمية، إلا أن هناك العديد من الأصول الرقمية الأخرى ذات الميزات والتطبيقات المميزة المتاحة في السوق العامة للعملات المشفرة. تتناول هذه الفقرة تاريخ وخصائص واستخدامات العملات المشفرة الأكثر أهمية بجانب البيتكوين. يمكن للمستثمرين استكشا☐ فرص الاستثمار البديلة في عالم الأصول الرقمية المتغيرة من خلال فهم مجموعة العملات المشفرة المتنوعة.

التي تم إطلاقها في عا☐ 2015 من قبل (ETH)، منصة البلوكشين اللامركزية إيثيريو☐ تم اقتراح (DApps). فيتاليك بوتيرين، تسهل إنشاء العقود الذكية وتطبيقات اللامركزية فكرة البلوكشين القابل للبرمجة، مما يتيح للمبرمجين بناء وإطلاق تطبيقاتهم على شبكة إيثيريو☐.

السمة الفريدة لإيثيريو☐ هي قدرتها على تنفيذ عقود ذكية قابلة للبرمجة بشكل كامل، مما يسهل إنشاء تطبيقات لامركزية في العديد من القطاعات. بالإضافة إلى ذلك، تم تطوير ERC-20، معيار مما يبسط عملية تطوير العملات الجديدة ويتيح التمويل التشغيلي من يهد☐ تحسين قابلية التوسع لإيثيريو☐ (ICOs). خلال عرو ☐ العملات الأولية وتحديثات الشبكة مثل إيثيريو☐ 2.0 إلى تحسين سعة معالجة المعاملات وتخفيف قيود الشبكة.

وإدارة سلسلة التوريد، (NFTs)، الحكم غير المركزي، والرموز غير القابلة للتبادل
هي مجرد بعض التطبيقات حيث وجد إيثيريو☐ استخداماً (DeFi) والتمويل اللامركزي.
برمجيتها ومرونتها تجعلها منصة محبوبة بين رواد الأعمال والمطورين الذين يسعون
إلى إنشاء نظم مشفرة وتطبيقات لامركزية.

في عا☐ 2012، وهي عملة مشفرة بالإضافة إلى بروتوكول (XRP) تم إطلاق ريبل
دفع رقمي. هدفها الرئيسي هو جعل التحويلات الدولية للأموال والتحويلات سريعة
الذي يقد☐ إمكانيات التسوية الإجمالية في، XRP Ledger وميسورة التكلفة. يعتبر
الوقت الحقيقي وتبادل العملات، منصة دفتر الأستاذ الموزع التي يعمل عليها ريبل.

السمة الفريدة لإيثيريو☐ هي قدرتها على تنفيذ عقود ذكية قابلة للبرمجة بشكل كامل، مما
يسهل إنشاء تطبيقات لامركزية في العديد من القطاعات. بالإضافة إلى ذلك، تم تطوير
مما يبسط عملية تطوير العملات الجديدة ويتيح التمويل التشغيلي من، ERC-20 معيار
يهد☐ تحسين قابلية التوسع لإيثيريو☐ (ICOs). خلال عرو ☐ العملات الأولية
وتحديثات الشبكة مثل إيثيريو☐ 2.0 إلى تحسين سعة معالجة المعاملات وتخفيف قيود
الشبكة.

وإدارة سلسلة التوريد، (NFTs)، الحكم غير المركزي، والرموز غير القابلة للتبادل
هي مجرد بعض التطبيقات حيث وجد إيثيريو☐ استخداماً (DeFi) والتمويل اللامركزي.
برمجيتها ومرونتها تجعلها منصة محبوبة بين رواد الأعمال والمطورين الذين يسعون
إلى إنشاء نظم مشفرة وتطبيقات لامركزية.

في عا☐ 2012، وهي عملة مشفرة بالإضافة إلى بروتوكول (XRP) تم إطلاق ريبل
دفع رقمي. هدفها الرئيسي هو جعل التحويلات الدولية للأموال والتحويلات سريعة
الذي يقد☐ إمكانيات التسوية الإجمالية في، XRP Ledger وميسورة التكلفة. يعتبر
الوقت الحقيقي وتبادل العملات، منصة دفتر الأستاذ الموزع التي يعمل عليها ريبل.

بواسطة توفير التسويات السريعة للمعاملات والرسو☐ المعقولة، تميزت تموج عن نفسها
وجذبت الأعمال عبر الحدود. تمكنت أوقات تأكيد المعاملات الأسرع بفضل خوارزمية
وهي خوارزميتها للتوافق. مع التركيز على، (RPCA) التوافق لبروتوكول تموج

التعاون مع المؤسسات المالية، تسعى تموج إلى ربط الأنظمة المالية التقليدية بتكنولوجيا
البلوكشين.

بدأت البنوك والمؤسسات المالية الأخرى باستخدام تكنولوجيا تموج لتبسيط عمليات
التحويل النقدي وتحويل الأموال الدولية. من خلال خفض أوقات التسوية وتكاليف
المعاملات، تسعى إلى زيادة فعالية الأنظمة المالية التقليدية. يتمتع شبكة تموج أيضًا
بالقدرة على رمزة الأصول وزيادة السيولة بين عدة عملات.

من قبل تشارلي لي في عام 2011، وغالبًا ما يشار إليه (LTC) تم اختراع لايتكوين
باسم "الفضة للبيتكوين الذهب." إنها عملة رقمية ند-إلى-ند تشبه بيتكوين في العديد من
الطرق، بما في ذلك استخدامها لتكنولوجيا البلوكشين وتصميمها المفتوح المصدر. ومع
ذلك، يبرز لايتكوين بعدة خصائص تقنية.

وتتميز بأوقات أسرع لإنشاء الكتل، مما تستخدم لايتكوين خوارزمية التجزئة Scrypt
يجعلها أكثر مقاومة لأجهزة التعدين المتخصصة. مقارنةً بالبيتكوين، تؤدي هذه
الخصائص إلى تأكيدات أسرع للمعاملات وإلى إمداد أكبر من العملات بشكل إجمالي.
قبل أن تُدمج في البيتكوين، سيتم اختبار الميزات الجديدة أولاً على لايتكوين.

تُستخدم لايتكوين في الأساس كمخزن للقيمة ووسيلة للتجارة. إنها مناسبة للمعاملات
اليومية بفضل أوقات المعاملات الأسرع، وسيجد المستثمرون الذين يبحثون عن أصل
رقمي ذو سجل تاريخي أنها مثيرة للاهتمام بسبب تشابهها مع البيتكوين.

تم إطلاقها في عام 2017، وتسعى إلى ،(ADA) منصة سلسلة الكتل تدعى كاردانو
توفير منصة آمنة وموثوقة لإنشاء التطبيقات اللامركزية والعقود الذكية. السيد تشارلز
هوسكينسون، أحد أعضاء مؤسسي إيثيريوم، هو مؤسسها.

تتميز كاردانو عن غيرها من سلاسل الكتل من خلال التركيز على البحث العلمي
وتطوير يتم مراجعته من قبل الأقران، والهيكل المتدرج الذي يزيد من الأمان وقابلية
التوسع. تستخدم آلية التوافق أوروبوروس لنظام الإثبات بالحصة، والذي يهدف إلى أن

يكون آمنًا وفعّالًا من حيث الطاقة. يحتوي الجدول الزمني لتطوير كاردانو على عدة مراحل، مع التركيز على الاستدامة والحوكمة.

هدﻪ كاردانو هو تسهيل إنشاء التطبيقات اللامركزية وتوفير البنية التحتية لمجالات مثل إدارة سلسلة الإمداد، التحقق من الهوية، وأنظمة الحوكمة. يعتبر منصة لإنشاء حلايا موثوقة وقابلة للتوسع باستخدﻢ تركيزها على البحث الأكاديمي وإجراءات التطوير الصارمة.

في عﻢ 2017 (BNB) قدمت منصة تداول العملات المشفرة بينانس عملة بينانس عملة وتعمل على سلسلة بينانس وتعمل كرمز فائدة أصلي للنظﻢ البيئي. تم إصدار بينانس على سلسلة الكتل ايثريﻢ قبل الانتقال إلى منصتها ERC-20 عملة في البداية كرمز الخاصة.

تخفيض رسﻮ التداول، المشاركة في بيع الرموز، والوصول إلى ميزات متقدمة على منصة تبادل بينانس هي بعض المزايا التي تتيحها عملة بينانس عملة ضمن نظﻢ بينانس. على سلسلة بينانس، تم استخدامها أيضًا لإنشاء أصول مرمزة.

في نظﻢ بينانس، تعمل عملة بينانس عملة في المقﻢ الأول كرمز فائدة يكافئ ويحفز مستخدمي منصة بينانس. نظرًا لانتمائها إلى واحدة من أكبر منصات تداول العملات المشفرة، فقد ازدادت شهرتها وتستخﻢ للوصول إلى مجموعة متنوعة من الخدمات والسلع على منصة بينانس.

تظل العملات المشفرة الأخرى ذات قيمة وإمكانات مهمة على الرغم من سيطرة البيتكوين في سوق العملات المشفرة. بالإضافة إلى غيرها، تتمتع كل من إيثيريﻮ ريبل، لايتكوين، كاردانو، وباينانس كوين بميزات فريدة وتطبيقات تتناول جوانب معينة من الاقتصاد الرقمي. يتاح للمستثمرين فرصة تنويع محافظهم ضمن تطورات المشهد العملات المشفرة عبر فهم أفضل لهذه العملات المشفرة الهامة إلى جانب البيتكوين. تقﻢ هذه الأصول الرقمية البديلة فرصاً خاصة للاستثمار مع توسع سوق العملات المشفرة ولديها الإمكانية للتأثير في العديد من مجالات الاقتصاد العالمي.

## العملات البديلة مقابل البيتكوين: الاختلافات والتشابهات

منذ إطلاق العملات المشفرة، سيطر البيتكوين على سوق الأصول الرقمية. ومع ذلك أضافت ظهور العملات المشفرة البديلة، المشار إليها أيضًا بالعملات البديلة، بُعدًا جديدًا لسوق العملات المشفرة. من أجل إلقاء الضوء على خصائصها المميزة وحالات الاستخدا☐، والعلاقة العامة بين هذه الأصول الرقمية، يق☐ هذا القسم بفحص الفروق والتشابه بين العملات البديلة والبيتكوين.

تم تطوير البيتكوين في ع☐ 2009 كعملة رقمية غير مركزية مخصصة للوظائف المالية، وقد ق☐ بها فرد غير معرو☐ أو مجموعة من الأفراد يعرفون باسم ساتوشي ناكاموتو. وبدون الحاجة إلى وسطاء، يهد☐ البيتكوين إلى توفير نظ☐☐ دفع إلكتروني من النظير إلى النظير يتيح الق☐☐ بمعاملات آمنة وبلا حدود.

تشير كل العملات المشفرة إلى العملات الرقمية الأخرى بخلا☐ البيتكوين بمصطلح العملات البديلة"، وهو مصطلح مشتق من "العملات البديلة." تم تطوير هذه الأصول" الرقمية لتجاوز قيود معينة أو استكشا☐ حالات استخدا☐ مختلفة خارج تلك التي يقدمها البيتكوين.

قارنت بالبيتكوين، تق☐☐ العملات البديلة غالبًا تقنيات وتطورات جديدة. قد تستخ☐☐ تقنيات تجزئة مختلفة أو عمليات توافق متنوعة أو حلاول لتحقيق التوسع. على سبيل المثال، في حين ركزت ريبل على تمكين المعاملات السريعة عبر الحدود، أضافت إيثيريو☐ العقود الذكية.

مع أعلى رأس مال سوقي، يستمر البيتكوين في السيطرة على صناعة العملات المشفرة. عندما يتم احتسابها ككل، تشكل العملات البديلة جزءًا أقل من إجمالي رأس المال السوقي. ومع ذلك، حققت العديد من العملات البديلة، مثل إيثيريو☐ وريبل، أسعارًا واستقبالًا هامين.

الأغرا ☐ الرئيسية للبيتكوين هي العمل كمخزن للقيمة وكعملة رقمية لامركزية. من ناحية أخرى، تركز العملات البديلة غالبًا على قطاعات أو استخدامات محددة. على

سبيل المثال، يضع لايتكوين تأكيدات المعاملات الأسرع في مقدمة اهتماماته، في حين تسعى العملات البديلة مثل مونيرو التي تولي أهمية للخصوصية إلى زيادة درجة التجهيز.

تتم إنشاء العملات البديلة على نفس شبكات البلوكشين اللامركزية التي تعتمد عليها البيتكوين. تعمل هذه العملات بشكل لامركزي وبدون وسطاء، مما يضمن ثبات وأمان وشفافية جميع المعاملات. تدور بنية العملات المشفرة حول هذه الخصوصية المشتركة.

نظرًا لعوامل مثل المشاعر في السوق والتغييرات الحكومية والتحسينات التكنولوجية، تكون البيتكوين وغيرها من العملات المشفرة عرضة لمستويات كبيرة من التقلبات. في محاولة للاستفادة من تغيرات الأسعار، يشارك المستثمرون غالبًا في التداول التكهني.

ضمن سوق العملات المشفرة، يقدّ البيتكوين وغيرها من العملات المشفرة خيارات للتداول والاستثمار. من خلال استغلال النمو المحتمل لهذه الأصول الرقمية، يمكن للمستثمرين تنويع محافظهم عن طريق إدماج مزيج من البيتكوين والعملات المشفرة البديلة.

نظرًا لسيطرته في سوق العملات المشفرة، أصبح البيتكوين المعيار ونقطة المقارنة لأداء وتسعير العملات البديلة. يؤثر سعر البيتكوين بشكل متكرر على المشاعر العامة في السوق، مما يؤثر على تسعير العملات البديلة.

تُيسر العملات البديلة التطوير وتوسيع النظا البيئي للعملات المشفرة بشكل ع. إنها تدرس حالات استخد متنوعة، وتقترح تكنولوجيا جديدة، وتوسع إمكانيات تطبيقات سلسلة الكتل. قد تلهم العملات البديلة الناجحة تطويرًا إضافيًا في القطاع، قد يؤدي ربما إلى تعديلات أو إضافات على البيتكوين نفسه.

تؤثر التقلبات الكبيرة في الأسعار على البيتكوين والعملات المشفرة البديلة، مما قد يكون محفوفًا بالمخاطر للمستثمرين. نظرًا للطبيعة المتنوعة والتطور المستمر لصناعة العملات المشفرة، هناك حاجة لدى المستثمرين لإدارة تعرضهم للمخاطر بشكل صحيح.

في العديد من السياقات القانونية، البيئة التنظيمية المحيطة بالعملات المشفرة، مثل البيتكوين والعملات البديلة، لا تزال غير واضحة. قد تُدخل التدابير التنظيمية أو التحديات القانونية مخاطر وعدم يقين يمكن أن يؤثران على كيفية رؤية السوق لهذه الأصول الرقمية وكيفية استخدامها.

تطورت العملات البديلة لتقديم ميزات مميزة، واستكشاف حالات استخدام أخرى، وتعزيز الابتكار داخل النظام البيئي، على الرغم من استمرار البيتكوين في الاحتفاظ بموقعه المهيمن في صناعة العملات المشفرة. في حين تسهم العملات البديلة في تنويع ونمو بيئة العملات المشفرة، يعتبر البيتكوين المعيار. يمكن للمستثمرين أن يتجنبوا التقلبات في السوق، وينوعوا استثماراتهم، ويستفيدوا من النمو المحتمل والقوة الثورية للأصول الرقمية من خلال الوعي بالفروق والتشابهات بين البيتكوين والعملات البديلة. ربط بين البيتكوين والعملات البديلة سيؤثر على مستقبل التمويل اللامركزي والاستخدام الأوسع لتكنولوجيا سلسلة الكتل مع تطور نظام العملات المشفرة.

# الفصل التاسع

## الخصوصية، الأمان، والجوانب القانونية للبيتكوين

### الخصوصية في معاملات البيتكوين: ما هو الوضع الحقيقي؟

بصفتها عملة رقمية لامركزية ومفتوحة المصدر، تم ربط البيتكوين بشكل متكرر بقضايا الخصوصية. على الرغم من أن معاملات البيتكوين مرئية على سلسلة الكتل العامة، هناك نقاش مستمر حول مدى الخصوصية التي توفرها. يقوم هذا القسم بتحليل ميزات الخصوصية في معاملات البيتكوين، ويناقش عيوبها، ويغطي الطرق المختلفة المستخدمة لزيادة خصوصية المعاملات.

يمكن لأي شخص الوصول إلى بيانات المعاملات على سلسلة كتل البيتكوين العامة، بما في ذلك عناوين المرسل والمستلم، ومبالغ المعاملات، والطوابع الزمنية. يتم تعزيز لامركزية وموثوقية الشبكة من خلال هذه الشفافية.

تستخدم معاملات البيتكوين الشبكية العناوين التشفيرية لتحديد هويات المستخدمين بدلاً من أسمائهم الحقيقية. على الرغم من أن المعاملات تُسجل علنياً، إلا أن هويات العناوين تظل عادة غير مكشوفة تماماً.

على الرغم من الإجهاد في عناوين البيتكوين، هناك طرق عديدة لربط المعاملات. يمكن أن يساعد إعادة استخدام العناوين، حيث يستخدم المستخدم نفس العنوان في العديد من المعاملات المختلفة، في تحديد وتتبع تلك الأنشطة. يمكن أيضا استخدام طرق تحليل سلسلة الكتل لربط العناوين وفحص تدفقات المعاملات، مكشوفةً بالتالي معلومات حول أنشطة المستخدم وعادات الإنفاق.

يمكن تحليل دفتر السجل العا□ باستخدا□ أدوات تحليل سلسلة الكتل لاكتشا□ أنماط، مثل حركة الأموال، وموقع التبادلات المركزية، ومراقبة الأنشطة غير القانونية. يمكن أن يؤدي هذا التحليل إلى تعريض سرية معاملات البيتكوين، وربما جعل البيانات الخاصة علنية.

تهد□ خدمات خلط العملات أو "تمويه" إلى زيادة الخصوصية من خلال خلط عملات مستخدمين متعددين معًا، مما يجعل من الصعب تتبع المعاملات الفردية. عن طريق كسر الارتباط بين عناوين الإدخال والإخراج، تق□ هذه الخدمات مستوى من السرية. يجب على المستخدمين أن يثقوا في أن خدمة الخلط لن تعر □ خصوصيتهم على الرغم من أن فعاليتها قد تختلف

تعتبر عناوين الخفاء أساليب تشفيرية لزيادة سرية المعاملات في البيتكوين. لكل معاملة، تق□ بإنشاء عنوان مختلف، مما يجعل من الصعب ربط عنوان المرسل والمتلقي.

يمكن أن يكون من الصعب التمييز بين مداخل ومخرجات مختلفة عند استخدا□ ينضم حيث يق□ العديد من المستخدمين بجمع معاملاتهم في معاملة واحدة. من خلال تعتيم الارتباط بين عناوين المرسل والوجهة، تق□ هذه الطريقة مستوى معين من الخصوصية.

بتشفير مبالغ المعاملات باستخدا□ أساليب تشفيرية. من (CT) تق□ المعاملات السرية خلال إخفاء قيم المعاملات الدقيقة، تضيف المعاملات السرية طبقة إضافية من الخصوصية إلى معاملات البيتكوين. في شبكة البيتكوين، هذه الاستراتيجية لا تستخد□ بشكل شائع حتى الآن.

ما زال يمكن لتحليل الشبكة العثور على اتجاهات وربط المعاملات على الرغم من الطرق المحسّنة للخصوصية، مما قد يعر □ الخصوصية للتهديد. تتطور أساليب وأدوات تحليل سلسلة الكتل الحديثة باستمرار، مما يشكل تهديدًا لفعالية التحديثات الحالية للخصوصية.

تقنيات تحسين الخصوصية غالباً ما تتطلب استخد□ خدمات خارجية أو طبقات تكنولوجية إضافية. يجب على المستخدمين أن يثقوا في هذه الهيئات، مما يثير مخاو□ حول أمانها واعتمادها، وخطر تسرب المعلومات أو انتهاك البيانات.

تتعار□ □ اللوائح مع إجراءات الحماية للخصوصية المستخدمة في معاملات البيتكوين ومكافحة غسيل الأموال (KYC) "خاصة في البلدان التي تفر□ □ قوانين "تعر□ عميلك قد يكون من الملز□ على منصات التبادل ومقدمي الخدمات اتباع هذه القواعد .(AML) مما يقلل من خيارات الخصوصية المتاحة للمستخدمين.

ستتم إضافة تواقيع شنور إلى البيتكوين، مما يُتوقع أن يعزز الأمان وقابلية التوسع. تقو□ تواقيع شنور بدمج عدة إدخالات توقيع في توقيع واحد، مما يمكن من إجراء عمليات خلط العملات بشكل أكثر فعالية وتعزيز الخصوصية.

المعاملات خارج السلسلة التي تستخد□ تقنيات الطبقة الثانية، مثل شبكة البرق، تكون أسرع وأكثر خصوصية. من خلال السماح للمستخدمين بإجراء العديد من المعاملات دون نشر كل واحدة منها على سلسلة الكتل العامة، تعزز هذه التقنيات خصوصية المستخد□.

من الضروري لمستخدمي بيتكوين زيادة فهمهم لتهديدات الخصوصية وتعزيز التدابير المتاحة للحفاظ على الخصوصية. يمكن تمكين المستخدمين لاتخاذ قرارات مدروسة وحماية خصوصياتهم عن طريق التعر□ على أفضل السلوكيات، وأدوات الخصوصية وقيود تدابير الخصوصية.

تتناول قضية الخصوصية في معاملات بيتكوين العديد من الجوانب. يوفر بيتكوين الهوية الوهمية والشفافية، ولكن درجة الخصوصية عرضة لعدد من القيود والصعوبات. يمكن التلاعب بخصوصية معاملات بيتكوين باستخد□ أدوات تحليل سلسلة الكتل وتحليل السلسلة الكتل العامة. ومع ذلك، يمكن تقليل هذه المخاطر إلى حد ما باستخد□ استراتيجيات تعزيز الخصوصية مثل خلط العملات، وعناوين الوهم، وتجميع العملات، والمعاملات الخاصة. الابتكارات المستقبلية، مثل حلول الطبقة الثانية وتوقيعات شنور لديها القدرة على تحسين خصوصية المعاملات في بيتكوين بشكل أكبر. من أجل حماية

الخصوصية وتمكين مستخدمي بيتكوين بشكل أكبر، يجب على المستخدمين أن يكونوا على علم بقضايا الخصوصية وأفضل السلوكيات والأدوات المتاحة. يجب استكشا□ صعوبة تحقيق التوازن بين مخاو□ الخصوصية والامتثال القانوني بشكل أعمق. سيكون عنوان التعامل مع مخاو□ الخصوصية في معاملات بيتكوين أمرًا ضروريًا لتعزيز الاعتماد، والثقة، والإمكانات الكاملة للعملات الرقمية اللامركزية بينما يستمر نظا□ العملات المشفرة في التطور.

## أفضل الممارسات الأمنية: حماية المحافظ، وتجنب عمليات الاحتيال

بزيادة اهتما□ الناس بالعملات المشفرة، زاد أهمية حماية أمان المحفظة الرقمية وتجنب الاحتيال. يتناول هذا القسم أفضل الطرق الأمنية في صناعة العملات المشفرة، مع التركيز على أمان المحفظة وتجنب الاحتيال. يمكن للمستخدمين حماية أموالهم والتنقل بثقة في مجال الأصول الرقمية من خلال الالتز□ بهذه السلوكيات الأمانية.

تأتي محافظ العملات المشفرة في مجموعة متنوعة من الأشكال، مثل محافظ البرمجيات (للحواسيب المكتبية والهواتف المحمولة)، ومحافظ الأجهزة، ومحافظ الويب. يتطلب اختيار أفضل نوع من المحفظة فهمًا لصفاتها وميزات أمانها.

الأجزاء المهمة التي توفر وصولًا إلى أموال العملات المشفرة هي المفاتيح الخاصة. لتجنب الوصول غير القانوني، يجب على المستخدمين تخزين وإدارة مفاتيحهم الخاصة بشكل آمن. تشمل أفضل السلوكيات لزيادة الأمان استخدا□ محافظ الأجهزة، وكلمات المرور القوية، وتخزين البيانات بشكل غير متصل.

من المهم جدًا إنشاء كلمات مرور آمنة وفريدة للمحافظ. يُفضل استخدا□ كلمات مرور طويلة ومعقدة تحتوي على مزيج من الأحر□ الكبيرة والصغيرة، والأرقا□، والرموز الخاصة. يوفر الحفاظ على المعلومات الشخصية وعبارات التكرار إلى الشخص نفسه طبقة إضافية من الأمان.

يُطلب من .(2FA) تكون المحافظ أكثر أمانًا عند تمكين التحقق الثنائي العامل المستخدمين إرسال نموذج ثاني للتحقق، مثل رمز يُرسل إلى هواتفهم المحمولة، للوصول إلى أموالهم عند ربط المحفظة بجهاز أو تطبيق موثوق.

من الضروري الحفاظ على تحديث برامج المحفظة إذا كنت ترغب في حمايتها من الثغرات والاستغلالات. يجب على المستخدمين التأكد من استخدامهم للإصدار الأحدث من المحفظة، حيث يقو□ المطورون بشكل متكرر بإصدار تحديثات لإصلاح مشاكل الأمان.

من خلال تخزين المفاتيح الخاصة بشكل غير متصل، يعزز التخزين غير المتصل (المحافظ الباردة)، مثل محافظ الأجهزة أو محافظ الورق، الأمان. نظرًا لعد□ اتصالها بالإنترنت، تكون هذه المحافظ أقل عرضة للبرمجيات الخبيثة وجهود الاختراق.

تستخد□ هجمات التصيد مواقع ويب، ورسائل البريد الإلكتروني، أو الرسائل لخداع المستخدمين لكشف مفاتيحهم الخاصة أو معلومات حساسة أخرى. يجب على المستخدمين أخذ الحيطة والحذر، وتأكيد شرعية المواقع، والتحقق المزدوج من مرسلي البريد الإلكتروني، والامتناع عن فتح أي روابط مشبوهة.

يجب على المستخدمين إجراء بعض الأبحاث قبل المشاركة في أي مبادرة للعملات المشفرة أو عر□ استثمار. يمكن اكتشا□ الاحتيالات المحتملة عن طريق تأكيد صحة المشاريع، وتقييم موثوقية الفريق، ومراجعة التقييمات والتقييمات من قبل الجمهور.

عند التفاعل مع بورصات العملات المشفرة والمحافظ، يعتبر التواصل الآمن أمرًا أساسيًا. يمكن أن يساعد تجنب استخدام شبكات الواي فاي العامة، واستخدام طرق التواصل المشفرة، وأخذ الحيطة عند مشاركة المعلومات الحساسة في منع انتهاكات البيانات والتنصت.

يتطلب الحفاظ على الأمان التعلم المستمر حول المشهد المتغير باستمرار للعملات المشفرة. يكون المستخدمون أفضل استعدادًا لاتخاذ قرارات حكيمة إذا بقوا على علم بالحيل الجديدة، ومخاوف الأمان، وأفضل الممارسات في الصناعة.

يمكن للمستخدمين أن يتعلموا من الخبراء، ويحصلوا على نصائح، ويظلوا على اطلاع على القضايا المحتملة عن طريق المشاركة في مجموعات ومنتديات العملات المشفرة. تجميع مجتمع داعم وتعاوني من الأشخاص ذوي الاهتمام المشترك يعزز الأجواء التعاونية لرفع مستوى الوعي بالأمان.

يجب أن تخضع المحافظ والأجهزة والحسابات الإلكترونية جميعها للتدقيقات الأمانية الروتينية للعثور على أي ثغرات محتملة. ينبغي على المستخدمين التحقق من حقوق الوصول الخاصة بهم، وتحديث إعدادات الأمان، ومتابعة أي نشاط غير عادي.

المستخدمون أساسيون لحماية مجتمع العملات المشفرة بأكمله. يمكن أن يساعد نشر المعلومات حول المخاطر المحتملة والإبلاغ عن الاحتيال والمواقع الشبيهة بالاحتيال أو محاولات التصيد إلى السلطات المختصة في نشر الوعي ووقف تعرض الآخرين للاحتيال.

إستراتيجية فعّالة ويقظة ضرورية لحماية محافظ العملات المشفرة ومنع الاحتيال. يمكن للمستخدمين تحسين أمان أموالهم بشكل كبير عن طريق تنفيذ أفضل السلوكيات، مثل استخدام كلمات مرور قوية، وتفعيل التحقق الثنائي العامل، وتحديث برمجيات المحفظة بانتظام، واستخدام خيارات التخزين غير المتصل. متابعة محاولات التصيد، وإجراء أبحاث شاملة، والبقاء على اطلاع على المخاطر الجديدة تساهم جميعها في خلق بيئة أكثر أمانًا للعملات المشفرة. للحفاظ على بيئة آمنة وموثوقة، تعتبر التعليم والمشاركة في المجتمع والتقييمات الأمانية المتكررة أمورًا حيوية. يمكن للأفراد أن يتنقلوا بثقة في نظام

العملات المشفرة، ويحموا أموالهم، ويساهموا في الأمان الشامل لمجتمع الأصول الرقمية عن طريق الالتز▢ ببعض الممارسات الموصى بها

**الاعتبارات القانونية: البيتكوين والضرائب، الشرعية على مستوى العالم**

فهم القلق القانوني المحيط بالعملات المشفرة، وخاصة تلك المتعلقة بالضرائب والشرعية، أمر أساسي مع اتساع قبول بيتكوين وغيرها من العملات المشفرة. في هذا القسم، يتم فحص البيئة القانونية المحيطة بالبيتكوين، إلى جانب الآثار الضريبية، والأُطُر التشريعية، والشرعية الدولية للبيتكوين. يمكن للأفراد ضمان الامتثال واتخاذ قرارات مستنيرة بشأن ارتباطهم بالبيتكوين من خلال النظر في هذه الاعتبارات القانونية.

لقد ناقشت السلطات الضريبية في جميع أنحاء العالم كيفية تصنيف البيتكوين لأغرا ▢ الضرائب. يختلف التصنيف بين السيادات؛ حيث يعتبره البعض نوعًا من العملة، بينما يعتبره آخرون جزءًا من الممتلكات، أو سلعة، أو أصل مالي. يؤثر التصنيف على كيفية فر ▢ الضرائب على معاملات البيتكوين.

جميع أنواع معاملات البيتكوين، مثل الشراء والبيع والتداول والتعدين وقبول البيتكوين مقابل السلع أو الخدمات، قد تؤدي إلى حدوث أحداث ضريبية متنوعة. يعتمد ذلك على الحدث الفردي ولوائح الضرائب في البلد، حيث توجد تأثيرات ضريبية متنوعة. على سبيل المثال، عند بيع البيتكوين مقابل عملة فاتحة، قد يتوجب دفع ضريبة الربح الرأسمالي، وعند استخدا▢ البيتكوين لدفع السلع أو الخدمات، قد يتم فر ▢ ضريبة القيمة المضافة.

قد تكون بيع أو تبادل البيتكوين خاضعين لضريبة الربح الرأسمالي في عدة سيادات. يتم فر ▢ الضرائب على الأرباح التي تحقق عند بيع البيتكوين مقابل مزيد من الأموال مما كلف الحصول عليه، على الرغم من أنه يمكن خصم الخسائر. مدة الاحتفاظ ومستوى دخل المكلف هما مثالان فقط من المتغيرات التي يمكن أن تؤثر على معدل الضريبية على الربح الرأسمالي.

غالبًا ما تطالب السلطات الضريبية الأشخاص بأن يعلنوا ويدرجوا معاملاتهم بالبيتكوين في إقرارات الضرائب الخاصة بهم. يشمل ذلك تقديم معلومات حول مبالغ المعاملات وتواريخها وأية أرباح أو خسائر. يمكن أن يكون التقرير غير الدقيق لمعاملات البيتكوين له عواقب قانونية وربما عقوبات.

الموقف القانوني للبيتكوين يختلف بشكل كبير بين الدول، حيث يقبل البعض منها، في حين يتخذ البعض موقفا حذرا، ويمنع أو يقيد استخدامه البعض الآخر. وقد قامت الحكومات ببناء أطُر تنظيمية لمعالجة مجموعة من القضايا، بما في ذلك حماية المستهلكين ومكافحة غسل الأموال وتنظيم معلومات العملاء، من خلال تطبيق لوائح قانونية. تسعى القوانين الحاكمة إلى التوازن بين تعزيز الابتكار وحماية مصالح المستهلكين والمستثمرين.

تم وضع أطُر تنظيمية شاملة للسيطرة على بورصات العملات المشفرة ومقدمي الخدمات في بلدان مثل الولايات المتحدة واليابان. يسعون إلى تحقيق توازن لحماية المستثمرين مع تحفيز الابتكار. يمكن أن تكون متطلبات الترخيص وإجراءات مكافحة غسل الأموال وتنظيم معلومات العملاء وتدابير الأمان السيبراني والتزامات الإفصاح للمستهلك جميعها جزءًا من هذه التشريعات. بينما اتخذت بعض الدول، مثل سويسرا نهجًا أكثر تسامحًا، حيث تشجع على بيئة داعمة للشركات المشفرة مع وضع سياسات لردع الأنشطة غير القانونية.

بينما قد قبلت بعض الدول البيتكوين، إلا أن البعض الآخر قد فر □ حظرًا أو قيودًا على وبورصات، (ICOs) استخدامه. على سبيل المثال، تم حظر العرو □ الأولية للعملات المشفرة، وأنشطة التعدين في الصين. في الهند، منعت في البداية البنوك من التعامل مع الشركات ذات الصلة بالعملات المشفرة، ولكن المحكمة العليا رفعت الحظر لاحقًا. يتم تفر □ هذه الحظر والقيود غالبًا بسبب مخاو □ حول سلامة المستهلكين واستقرار الأوضاع المالية وغسل الأموال.

البيئة التنظيمية للعملات المشفرة في الولايات المتحدة معقدة. هناك العديد من الهيئات التنظيمية التي أصدرت إرشادات وقوانين خاصة بالعملات المشفرة، مثل هيئة الأوراق وخدمة الإيرادات، (CFTC) وهيئة تداول السلع الآجلة، (SEC) المالية والبورصات

البيتكوين (IRS) لأسباب الضرائب، تعتبر خدمة الإيرادات الداخلية (IRS). الداخلية ممتلكات. يجب على الأفراد الإبلاغ عن جميع المدفوعات بالبيتكوين، وعمليات التعدين والأرباح أو الخسائر من هذه الأنشطة. يجب على بورصات العملات المشفرة ومقدمي (FinCEN) الخدمات الامتثال للتنظيمات التي وضعتها وكالة مكافحة جرائم الأموال ومعرفة العميل (AML) بشأن مكافحة غسل الأموال (KYC).

اتخذ الاتحاد الأوروبي إطارًا تنظيميًا لمكافحة تمويل الإرهاب وغسل الأموال. متطلبات مكافحة غسل الأموال ومعرفة العميل في الاتحاد الأوروبي تلزم بورصات العملات المشفرة ومقدمي الخدمات بإجراء التحقق الدقيق للعميل، وتتبع المعاملات، والإبلاغ عن التي يفرضها (GDPR) الأنشطة المشبوهة. تضمن لوائح الحماية العامة للبيانات الاتحاد الأوروبي حماية البيانات الشخصية في معاملات العملات المشفرة.

كانت اليابان واحدة من أوائل الدول التي قبلت البيتكوين كنقود قانونية. لديها قوانين صارمة لمكافحة غسل الأموال ومعرفة العميل وأنشأت نظام ترخيص لبورصات العملات المشفرة. تحاول الهيكلة القانونية للدولة تعزيز حماية المستهلك، واستقرار (FSA) الأوضاع المالية، وقمع الأنشطة غير القانونية. وتتنسق وكالة الخدمات المالية بنشاط مع البورصات لإدارة تشريعات العملات المشفرة من أجل ضمان الامتثال.

سويسرا اتخذت موقفًا أكثر تسامحًا تجاه العملات المشفرة. من خلال إيجاد وضوح وبيئة تنظيمية داعمة للشركات التي تعتمد على تقنية البلوكشين والعملات المشفرة، حثت الشركات على إقامة عملياتها في البلاد. ومن أجل مكافحة التهديدات المتعلقة بغسل الأموال وتمويل الإرهاب، قامت سويسرا بتنفيذ سياسات تدعم كل من الابتكار والتقدم التكنولوجي.

يُشكل التطور السريع للعملات المشفرة تحديات للمنظمين في جميع أنحاء العالم. يتسبب تعقيد التكنولوجيا والتغيير السريع في قضايا تنظيمية مستمرة، إضافةً إلى الحاجة إلى تحقيق توازن بين الابتكار وحماية المستثمرين. ومن أجل معالجة التحديات الجديدة مثل والعملات المستقرة، والطابع الدولي لعمليات العملات، (DeFi) التمويل اللامركزي المشفرة، يستمر المنظمون في تعديل وتحسين استراتيجياتهم.

نظرًا للانتشار العالمي للعملات المشفرة، يجب على الحكومات والهيئات التنظيمية العمل معًا على الصعيدين الوطني والدولي لتوحيد الأطُر القانونية، ومكافحة غسل الأموال (FATF) وحل قضايا أخرى ذات طابع عابر للحدود. تعمل مجموعة العمل المالي وغيرها من المنظمات على إنشاء قواعد دولية لمكافحة غسل الأموال ومعرفة العميل الخاصة بالعملات المشفرة.

من المحتمل أن تقوم الحكومات بتحديث وتحسين أطُرها القانونية مع تطور مجال العملات المشفرة. قد ينطوي ذلك على إنشاء تشريعات ضريبية أكثر دقة، ووضع والعملات (DeFi) متطلبات تنظيمية، وحل قضايا حديثة مثل التمويل اللامركزي المستقرة. عند السعي إلى تحقيق توازن بين تعزيز الابتكار والحفاظ على حماية المستثمرين واستقرار النظام المالي، ستحاول التحسينات التشريعية تعزيز كلا الجانبين.

تتمثل الأهداف الرئيسية للجهود التنظيمية في صناعة العملات المشفرة في حماية المستهلكين والمستثمرين. من المحتمل أن تمنح الأطُر التنظيمية الأولوية لخطوات مكافحة الاحتيال، وزيادة الشفافية، وإنشاء حمايات للمستثمرين مع تزايد استخدام العملات المشفرة. قد يتضمن ذلك تشديد التنظيم على البورصات، وتحديد قواعد الإفصاح بشكل أكثر شفافية، وتوفير حماية ضد التلاعب في السوق.

التأثيرات الضريبية والأطُر التنظيمية التي تسيطر على استخدام البيتكوين هي اعتبارات قانونية. بالنسبة للأفراد والشركات العاملة في مجال العملات المشفرة، من المهم فهم الالتزامات الضريبية، ومتطلبات التقارير، والموقف القانوني للبيتكوين. يتم ضمان الحماية القانونية والنمو المستمر لبيئة موثوقة وآمنة عن طريق الامتثال لقوانين الضرائب واللوائح التنظيمية. ستستمر الحكومات في تحسين نهجها تجاه البيتكوين والعملات المشفرة مع تغير المشهد القانوني على مستوى العالم، بهدف تحقيق توازن بين الابتكار وحماية المستهلك والامتثال التنظيمي. مستقبل الأطُر القانونية المتعلقة بالبيتكوين سيتشكل من خلال التعاون الدولي والتحسينات التشريعية المستمرة، بهدف تعزيز بيئة آمنة ودائمة لصناعة العملات المشفرة.

# الفصل العاشر

## مستقبل البيتكوين والعملات المشفرة

### توقعات الخبراء لمستقبل البيتكوين

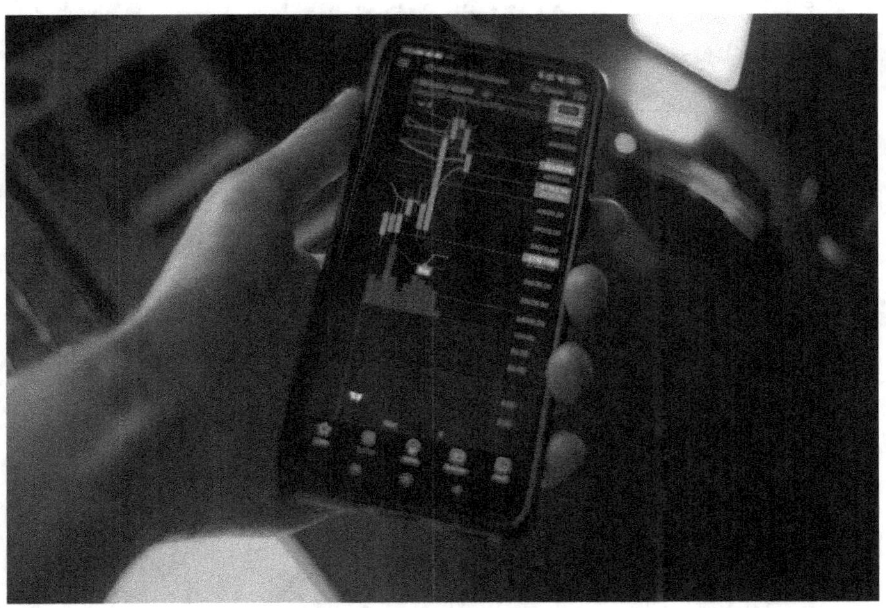

أول عملة مشفرة في العالم وأكثرها اعترافًا، البيتكوين، قد جذبت الكثير من الاهتمام في السنوات الأخيرة. قد قَّ محترفون ومحللون في مجال العملات المشفرة بتقديم تنبؤات مختلفة حول مستقبل البيتكوين بينما تستمر نظَّ العملات المشفرة في التطور. يستكشف هذا القسم وجهات نظر وتنبؤات المحترفين حول البيتكوين، مع النظر إلى عناصر مثل توقعات الأسعار، واتجاهات السوق، والأحداث الحكومية، والتطورات التكنولوجية.

يمكن للأشخاص الحصول على رؤية حول المسار المحتمل للبيتكوين من خلال مراعاة هذه الآراء المهنية ومن ثم اتخاذ قرارات مستنيرة في سوق العملات المشفرة.

منذ إطلاقها في عام 2009، خضع البيتكوين لتقلبات في الأسعار وصعوبات تنظيمية وتقدم في التكنولوجيا. يتطلب تقييم التنبؤات الخاصة بمستقبل البيتكوين فهمًا أساسيًا لأدائها التاريخي.

سعر البيتكوين قد ارتفع بشكل كبير خلال العديد من دورات السوق، تليها فترات من التوحيد والتصحيح. في الماضي، تأثرت هذه الدورات بالبيئة الاقتصادية الكلية ومشاعر المستثمرين والاعتماد.

يعتقد العديد من المحللين أن الإمداد المحدود للبيتكوين وهيكلها اللامركزي وارتفاع شعبيتها سيجعلها متجرًا فعّالًا للقيمة على المدى الطويل. يؤكدون أن عوامل مثل الإمداد المحدود للبيتكوين وتخفيضات الأسعار الدورية والقبول المحتمل من قبل المستثمرين المؤسسيين يمكن أن ترفع في نهاية المطاف سعر العملة.

من المتوقع أن يرتفع سعر البيتكوين في المستقبل بشكل كبير، وفقًا لعدة توقعات إيجابية قام بها خبراء. وغالبًا ما يكون دافع هذه التوقعات هو عوامل مثل زيادة الاستخدام المؤسسي، وعدم التنبؤ بالاقتصاد العالمي، وإمكانية أداء البيتكوين كحماية ضد التضخم.

بالنسبة لخبراء آخرين، قد قدموا وجهات نظر أكثر حذرًا، مشددين على المخاطر المحتملة وعدم اليقين المتعلق بالبيتكوين. يذكرون عوامل محتملة قد تؤثر سلبًا على سعر البيتكوين مثل الصعوبات التنظيمية، وتلاعب السوق، وظهور عملات رقمية أخرى.

دخل المستثمرون المؤسسيون، مثل صناديق الاستثمار وشركات إدارة الأصول، سوق البيتكوين، وهو يُعتبر تطورًا هامًا. وفقًا للخبراء، قد يساعد الاستخدام المتزايد من قبل المؤسسات في تحقيق السيولة والاستقرار والقبول الواسع في نظام العملات الرقمية.

،عنصر هام قد يؤثر في مستقبل البيتكوين هو التغير في البيئة التنظيمية. وفقًا للخبراء قد تشجع المراقبة المحسّنة والأطُر القانونية المجذابة وزيادة الثقة من قبل المستثمرين على التحول نحو الاستثمار المؤسسي في قطاع العملات الرقمية.

تتأثر تطورات البيتكوين المستقبلية باتجاهات الاقتصاد العام. يمكن أن يتأثر سعر واعتماد البيتكوين بمجموعة متنوعة من العوامل، بما في ذلك الأحداث الجيوسياسية والسياسة النقدية، والتضخم، والأزمات الاقتصادية. يأخذ الخبراء هذه العوامل الاقتصادية الكبرى في اعتبارهم عند توقع مسار مستقبل البيتكوين.

قيود التوسعية للبيتكوين أثارت نقاشًا وقلقًا. ومع ذلك، يعتقد الخبراء أنه من أجل التغلب على صعوبات التوسع وزيادة إمكانية معالجة المعاملات للبيتكوين، سيتم تنفيذ حلول مثل شبكة البرق، وسلسلات الجانب، وبروتوكولات الطبقة الثانية في وقت قريب.

مجال آخر في تطوير التكنولوجيا هو تعزيز ميزات الخصوصية في معاملات البيتكوين. ويتوقع أن يتم تحسين التمويه والقابلية للتبادل في البيتكوين من خلال إضافة تكنولوجيا تعزيز الخصوصية مثل الأدلة الصفرية المعرفة والمعاملات الخاصة، وفقًا لتقديرات الخبراء.

من خلال إجراء معاملات خارج السلسلة، تسعى حلول الطبقة الثانية مثل شبكة البرق إلى زيادة سرعة معاملات البيتكوين وتقليل الرسوم. بالإضافة إلى ذلك، يتنبأ الخبراء بأن نظام البيتكوين سيكتسب قدرات العقد الذكية، مما يمكن من تطبيقات مالية معقدة أكثر وتطبيقات مفتوحة المصدر (DApps).

يتوقع الخبراء ظهور حلول عبر السلسلة وبروتوكولات التوافق مع تطور صناعة العملات الرقمية. وستمكن هذه التطورات من ربط شبكات البلوكشين المختلفة بسهولة مما يزيد من فائدة البيتكوين ويفتح آفاقا جديدة للاستخدام.

البيئة التنظيمية المحيطة بالعملات الرقمية لا تزال غير مؤكدة وقابلة للتغيير. قد تكون للتشريعات الحكومية تأثير على مدى استخدام البيتكوين على نطاق واسع، ومدى

سيولته، وكيفية رؤيته من قبل الناس. يعترف الخبراء بالمخاطر المحتملة المتصلة بالتدخلات التنظيمية والحاجة إلى الامتثال في إطار قانوني متغير.

من المرجح أن تظل تقلبات أسعار البيتكوين التاريخية مستمرة في المستقبل. نظرًا لاحتمال حدوث تقلبات حادة في الأسعار وتصحيحات السوق، ينصح الخبراء بإدارة المخاطر واستراتيجيات الاستثمار على المدى الطويل.

التحسينات التقنية توفر فرصًا، ولكن هناك أيضًا مخاطر وعدم يقين. ومن أجل تقليل الثغرات والمخاطر المحتملة، يشدد الخبراء على ضرورة اتخاذ إجراءات أمان قوية، واختبار دقيق للتكنولوجيات الجديدة، واعتماد حذر.

يتعرض هيمنة البيتكوين للتهديد من ظهور عملات رقمية بديلة. يأخذ الخبراء في اعتبارهم البيئة التنافسية والتأثيرات المحتملة للمبادرات والتكنولوجيا الجديدة على حصة السوق واعتماد البيتكوين.

تتجلى تعقيد وعدم التنبؤ في عملية الأعمال المتعلقة بالعملات الرقمية في مجموعة واسعة من توقعات الخبراء بشأن مستقبل البيتكوين. يضع البعض تأكيدًا على أهمية التغييرات التنظيمية واتجاهات السوق والاختراقات التقنية. يتوقع بعض المحللين ارتفاعًا كبيرًا في الأسعار واستخدام مستدام من قبل المؤسسات. يجب أن يُؤخذ في اعتباره أداء البيتكوين السابق، ودورات السوق، والطابع الديناميكي للنظام البيئي للعملات الرقمية عند تقييم وجهات نظر هؤلاء الخبراء المحترفين. يمكن للأفراد اتخاذ قرارات مستنيرة، وإدارة المخاطر، والتنقل في المشهد المتغير للبيتكوين وغيرها من العملات الرقمية عن طريق الاستفادة من توقعات الخبراء. في النهاية، ستكون مزيجًا من القوى السوقية، والتقدم التكنولوجي، والأطر القانونية، والتطور المستمر للأنظمة المالية العالمية لها تأثير على مستقبل البيتكوين.

## بيتكوين ومستقبل الأمور المالية

أصبحت بيتكوين، أول عملة رقمية لامركزية في العالم، قوة مضادة في القطاع المالي. خصائصها المميزة وتكنولوجيا سلسلة الكتل التي تقوم عليها أثارت نقاشات وتفكير تأملي

حول تأثيرها المحتمل عىٰ اتجاه الأمور المالية. يقٰ هذا القسم بفحص كيفية تغيير
بيتكوين للمشهد المالي من خلال النظر في فوائده وعيوبه المحتملة، والتداولات المالية
للعديد من مجالات الصناعة. يمكننا أن نتعلم المزيد حول كيفية تأثير بيتكوين على
مستقبل الأمور المالية من خلال دراسة هذه المتغيرات.

نظرًا لندرتها وهيكلها اللامركزي، لديها بيتكوين إمكانية أن تكون متجرًا للقيمة. إنها
بديل مرغوب للعملات الورقية التقليدية وأصول القيمة مثل الذهب بسبب ندرتها
والمناعة المُتصوَّرة من التضخم.

تكنولوجيا سلسلة الكتل، التي تدعم بيتكوين، تمكِّن من إجراء معاملات آمنة وسريعة
على مستوى العالم. مع تقليل الاعتماد على الوسطاء، وتكاليف المعاملات الأرخص
وتحسين عمليات التحويل عبر الحدود بسرعة، تتحدى إمكانيتها كوسيلة للتبادل للنظم
الدفع التقليدية.

يمكن لأي شخص لديه وصول إلى الإنترنت الانضما□ إلى الشبكة بسبب الهيكل
اللامركزي لبيتكوين، بغض النظر عن الموقع الجغرافي أو الوضع المالي. من خلال
توفير خدمات مالية وفرص كانت غير متاحة سابقًا، يتسنى لها تمكين المجتمعات غير
المصرفية وذوي الدخل المحدود.

طبيعة بيتكوين التي تعتمد على التداول بين الأفراد ورسو□ المعاملات المنخفضة لديها
إمكانية تحويل السوق التحويل الكامل. يمكن لبيتكوين تسهيل المعاملات عبر الحدود
بسرعة وبتكلفة منخفضة أكثر عن طريق القضاء على الوسطاء التقليديين وتقليل
التكاليف، مما يكون مفيدًا للأفراد والشركات على حد سواء.

من خلال توفير بنية تحتية مالية بديلة، يضع بيتكوين ضغطًا على النظا□ المصرفي
التقليدي. بسبب طبيعته اللامركزية، لم يعد هناك حاجة لوجود وسطاء، مما قد يوفر
تكاليف ويزيد من الكفاءة في عمليات مثل الإقرا □، والاقترا □، وإدارة الأصول.

يمكن أن تسهل تكنولوجيا سلسلة الكتل، التي تشغل بيتكوين، إنشاء تطبيقات مالية
والعقود الذكية. يتيح ذلك تقديم الخدمات المالية من خلال التمويل (DApps) لامركزية

حيث يمكن الحصول على الخدمات المالية دون الاعتماد على ،(DeFi) اللامركزي
وسطاء ماليين تقليديين، مما يشجع على الشفافية ويقلل من مخاطر الطرف الثاني.

سيواجه المنظمون الذين يحاولون إقامة قواعد دقيقة صعوبات بسبب الطبيعة اللامركزية
لبيتكوين. مسائل مثل مكافحة غسل الأموال، ومعرفة العميل، والضرائب، وحماية
المستثمرين هي تحديات يحاول حكومات في جميع أنحاء العالم حلها. العثور على توازن
بين تشجيع الابتكار وتقليل المخاطر يظل مهمة صعبة.

المنظمون يقومون تدريجيًا بإنشاء إطارات للتعامل مع الخصائص الخاصة للعملات
الرقمية. بعض الدول قد أقرت تشريعات لحماية المستثمرين وترخيص متطلبات
للبورصات للعملات الرقمية. سيتم تحديد مستقبل بيتكوين ودمجها في النظام المالي
الكبير بناءً على كيفية تطور البيئة التنظيمية.

استمرار تقلب أسعار بيتكوين يظل عقبة رئيسية أمام قبولها الواسع كوحدة موثوقة
للحساب. قد تعيق تقلبات الأسعار قدرة بيتكوين على أن تصبح شكلًا مستخدمًا على نطاق
واسع للدفع عن طريق تثبيط رغبة الشركات والمستهلكين في استخدامها.

قيود توسع بيتكوين كانت موضوعًا للجدل. مع توسع الشبكة، يطرح أسئلة حول القدرة
وسرعة المعاملات. يهدف شبكة البرق وحلول الطبقة الثانية، بالإضافة إلى الابتكارات
المستمرة الأخرى، إلى التغلب على مشاكل التوسعية هذه وزيادة إمكانية معالجة
المعاملات في بيتكوين.

تقديم الحماية والتخزين الآمن لأصول بيتكوين يشكل تحديات. بسبب الطبيعة اللامركزية
لبيتكوين، يتحمل المستخدمون مسؤولية حماية مفاتيحهم الخاصة، والتي، إذا فقدت أو
سُرِقَت، يمكن أن يؤدي ذلك إلى فقدان دائم للأصول. الاستخدام الأوسع يتطلب حلاولًا
تخزينية موثوقة وتدابير أمان قوية.

استثمار الشركات الكبيرة والمؤسسات المالية في بيتكوين وتقديم خدمات متعلقة
بالعملات الرقمية هي علامات على تزايد الاهتمام المؤسسي في بيتكوين، مما يشير إلى

اتجاه نحو قبول أكبر. يمكن أن يتأثر السيولة والاستقرار والثقة المحسنة لدى الجمهور في بيتكوين كفئة أصول بشكل كبير بقبول المؤسسات.

من المتوقع أن تتغلب التطورات التكنولوجية المستمرة، مثل تحسين التوسعية والخصوصية والتوافق، على المشاكل الحالية وتزيد من عدد التطبيقات لبيتكوين. يمكن تحسين تكنولوجيا سلسلة الكتل الأساسية لتشجيع على الابتكار وفتح فرص جديدة لصناعة الخدمات المالية.

ظهور بيتكوين يشكل تهديدًا للأنظمة المالية الراسخة، مما يدفعها إلى الابتكار والتكيف. نظرًا لشعبية العملات الرقمية مثل بيتكوين، يتفحص البنوك المركزية فكرة عملاتها الرقمية الخاصة (CBDCs). قد ينتج عن هذه التطورات نظ□ مالي أكثر شمولًا وفعالية وشفافية.

تقديم الحماية والتخزين الآمن لأصول بيتكوين يشكل تحديات. بسبب الطبيعة اللامركزية لبيتكوين، يتحمل المستخدمون مسؤولية حماية مفاتيحهم الخاصة، والتي، إذا فقدت أو سُرِقَت، يمكن أن يؤدي ذلك إلى فقدان دائم للأصول. الاستخد□ الأوسع يتطلب حلاولًا تخزينية موثوقة وتدابير أمان قوية.

استثمار الشركات الكبيرة والمؤسسات المالية في بيتكوين وتقديم خدمات متعلقة بالعملات الرقمية هي علامات على تزايد الاهتم□ المؤسسي في بيتكوين، مما يشير إلى اتجاه نحو قبول أكبر. يمكن أن يتأثر السيولة والاستقرار والثقة المحسنة لدى الجمهور في بيتكوين كفئة أصول بشكل كبير بقبول المؤسسات.

من المتوقع أن تتغلب التطورات التكنولوجية المستمرة، مثل تحسين التوسعية والخصوصية والتوافق، على المشاكل الحالية وتزيد من عدد التطبيقات لبيتكوين. يمكن تحسين تكنولوجيا سلسلة الكتل الأساسية لتشجيع على الابتكار وفتح فرص جديدة لصناعة الخدمات المالية.

ظهور بيتكوين يشكل تهديدًا للأنظمة المالية الراسخة، مما يدفعها إلى الابتكار والتكيف. نظرًا لشعبية العملات الرقمية مثل بيتكوين، يتفحص البنوك المركزية فكرة عملاتها

قد ينتج عن هذه التطورات نظ∎ مالي أكثر شمولًا وفعالية. (CBDCs) الرقمية الخاصة وشفافية.

الهيكل اللامركزي لبيتكوين، والمعاملات عبر الحدود، والتكنولوجيا المبتكرة تسهم جميعها في إمكانية تغيير المشهد المالي في المستقبل. يق∎ بيتكوين آفاقًا للشمول المالي وإزالة الوسطاء، وتحسين الكفاءة مع تطور القطاع المالي. ومع ذلك، تظل هناك قضايا تتعلق بتقلب الأسعار والتوسعية وع∎ اليقين التنظيمي. سيعتمد إدماج بيتكوين في النظ∎ المالي التقليدي إلى حد كبير على مدى قدرة التنظيم والابتكار على التعايش. يمكن للمعنيين التنقل في المشهد المالي المتغير واستغلال القوة الثورية للعملات الرقمية عن طريق استيعاب المزايا المحتملة لبيتكوين مع إدارة المخاطر المتعلقة.

## العملات الرقمية الخاصة بالبنوك، NFTs، DeFi: الاتجاهات الناشئة المركزية

والعملات غير القابلة للتبادل، (DeFi) التطورات الناشئة في مجال التمويل اللامركزي تسبب في تحول (CBDCs) والعملات الرقمية الخاصة بالبنوك المركزية، (NFTs) سريع للمشهد المالي. تحتوي هذه الاتجاهات على القدرة على تغيير عدة جوانب من

مجال الأمور المالية، بما في ذلك ملكية الأصول، والوصول، ودور البنوك المركزية. يتم توفير تحليل عميق لتعريفات وخصائص ومزايا وعيوب وتداولات كل اتجاه لمستقبل الأمور المالية في هذا القسم. يمكن للأفراد الحصول على رؤية حول التغيرات في النظام المالي واتخاذ قرارات حكيمة عن طريق معرفة هذه الاتجاهات الجديدة.

DeFi التمويل اللامركزي، أو هو فكرة رائدة تستخدم العقود الذكية وتكنولوجيا سلسلة الكتل لإنشاء بيئة مالية لامركزية. تسعى إلى القضاء على الوسطاء وتقديم وصول غير مقيد إلى الخدمات المالية. تتوفر خدمات مثل التبادلات اللامركزية، وزراعة العائد، والإقراض والاقتراض، وخدمات أخرى على منصات DeFi. من بين مزايا DeFi: زيادة الوصول، وتكاليف أقل، وتحسين السيطرة المالية. ولضمان استدامة DeFi على المدى الطويل، يجب حل قضايا تتعلق بعدم اليقين التنظيمي وضعف العقود الذكية.

NFTs، أو الرموز غير القابلة للتبادل، الكثير من الاهتمام بسبب قدرتها على أثارت تمثيل الملكية أو تقديم دليل على شرعية الأصول الرقمية الخاصة. توفر NFTs ملكية جزئية وأسواقًا جديدة للأصول غير السائلة من خلال تمكين إيصال الرمز للأصول الحقيقية. من خلال NFTs، يمكن للمبدعين والفنانين استعادة قيمة أعمالهم مباشرة دون استخدام وسطاء تقليديين. ومع ذلك، لضمان التوسع الأخلاقي لصناعة أخذ NFT، يجب قضايا مثل التوسعية والقلق بشأن البيئة وانتهاك حقوق الملكية الفكرية بعين الاعتبار.

الأموال الرقمية الفياتية الصادرة عن المصارف المركزية تُعرف بعملات البنوك المركزية الرقمية، أو CBDCs. تهدف CBDCs إلى زيادة الشمول المالي، وتقديم وسائل دفع آمنة وفعالة، والتعامل مع القضايا الجديدة التي تطرأ في العصر الرقمي. هناك نماذج متنوعة لأعمال CBDC، بدءًا من CBDCs الجملة المتاحة فقط للمؤسسات مزايا مثل CBDCs التجزئة المتاحة للجمهور العام. قد توفر CBDCs المالية إلى المدفوعات الأسرع وأكثر شمولًا، واستقرار أكبر للنظام النقدي، ومراقبة تنظيمية أفضل. ومع ذلك، طوال تنفيذها، يجب تقييم قضايا تتعلق بالخصوصية، والحاجة إلى البنية التحتية التكنولوجية، وتأثيرها على المصارف التجارية بعناية.

هي ثلاث ظواهر جديدة تشكل مكونات مترابطة في نظ□ CBDCs، وNFTs، وDeFi الأمور المالية الرقمي المتغير. يمكن أن تعمل هذه الاتجاهات معًا لإنتاج أدوات مالية جديدة وتملك للأصول اللامركزية. للاستفادة الكاملة من إمكانيات هذه التطورات، يتعين تحقيق تعاون بين الأطرا□ المعنية، بما في ذلك قادة الأعمال والتشريعيين والجهات التنظيمية. لضمان سلامة المستهلك واستقرار المال والامتثال لمعايير مكافحة غسل الأموال ومعرفة العميل، يجب إنشاء أطُر تنظيمية واضحة. عندما يتعلق الأمر بتشجيع الاعتماد والاستخد□ المسؤول لهذه التكنولوجيات المتطورة، فإن تثقيف المستخدمين وزيادة الوعي تكون أمورًا حاسمة.

الذي تحفزه التطورات التكنولوجية وتغيير توقعات CBDCs، وNFTs وDeFi إدخال العملاء، يشير إلى تغيير جذري في قطاع الأمور المالية. يمكن أن تق□ هذه التطورات بثورة ملكية الأصول، وديمقراطة التمويل، وتغيير وظيفة البنوك المركزية. لضمان استدامة طويلة الأمد وتأثير إيجابي لهذه الاتجاهات، يجب معالجة قضايا مثل الأمان والتوسعية، والأطُر التنظيمية، واستدامة البيئة. يمكن أن يستفيد مستقبل الأمور المالية لإيجاد نظ□ مالي أكثر شمولًا وفعالية CBDCs وNFTs وDeFi من القوة الثورية لـ من خلال تشجيع التعاون، واستيعاب الابتكار، والعثور على توازن بين المخاطر والمكافآت.

# الختام

## تلخيص النقاط الرئيسية للكتاب الإلكتروني

يعتبر الكتاب الإلكتروني "بيتكوين: السيطرة على عالم العملات المشفرة ـ دليلك النهائي على بيتكوين" مرجعًا شاملاً لأي شخص يسعى لفهم وتصفح بيئة العملات المشفرة، ويقدم معلومات مفيدة حول عالم بيتكوين. سيتم تلخيص الموضوعات الرئيسية للكتاب الإلكتروني بإيجاز في هذا القسم، مع التركيز على الأفكار الرئيسية والاستخدامات العملية في العالم الحقيقي، والمخاطر المحتملة لبيتكوين. يمكن للقراء بناء فهم قوي لبيتكوين وتأثيراته على مستقبل الأمور المالية من خلال دراسة هذه القضايا الأساسية.

يفتتح الكتاب الإلكتروني بوصف لبيتكوين كأول عملة رقمية لامركزية، مشددًا على تقنيتها المبتكرة وصفقاتها الآمنة، وفكرة دفتر السجل الموزع المعروف باسم البلوكشين. ويشرح إجراء التعدين، الذي ينطوي على حل مشكلات رياضية صعبة للتحقق من الصفقات وتأمين الشبكة. ويُؤكد على طبيعة بيتكوين النادرة مع الحد الأقصى لعدد العملات والذي يبلغ 21 مليون عملة.

تُغطى أهمية محافظ بيتكوين، التي تُستخدم لتخزين وإدارة حيازات بيتكوين، بتفصيل في الكتاب الإلكتروني. يتناول الكتاب العديد من أنواع المحافظ، بما في ذلك المحافظ الورقية والمحافظ العتيقة والمحافظ البرمجية، ويسلط الضوء على خصائص أمان كل واحدة منها. للوقاية من التهديدات المحتملة، يعد تأمين المفاتيح الخاصة واستخدام أفضل الممارسات، مثل المصادقة ذات العاملين وعمليات النسخ الاحتياطي الدورية، أمرًا حاسمًا.

يفحص الكتاب الإلكتروني آلية معاملات بيتكوين ويشرح كيفية عملها مع العناوين العامة والمفاتيح الخاصة. ويتحدث عن كيفية أن تكون معاملات بيتكوين شبه مجهولة ويبرز قيمة تقنيات تعزيز الخصوصية مثل استخدام عناوين مختلفة لكل معاملة واستخدام يوضح الكتاب الإلكتروني الفهم الشائع للتمويه CoinJoin. أدوات تركيب العملات أو في بيتكوين ويسلط الضوء على أهمية ممارسة الحذر عند الحفاظ على الخصوصية.

تُقدِّم الكتاب الإلكتروني لمحة عن تعدين بيتكوين، بالإضافة إلى شرح حول كيفية تنافس المعدنون لتحقيق التحقق من المعاملات وإضافة الكتل إلى الشبكة. يصف كيفية أداء خوارزمية العمل البرهاني دورًا رئيسيًا في الحفاظ على أمان ونزاهة شبكة بيتكوين. يُتحدث أيضًا عن كمية الطاقة التي يستخدمها التعدين وعما إذا كانت ستظهر في المستقبل بدائل أكثر كفاءة من حيث استهلاك الطاقة.

الكتاب الإلكتروني يناقش بإيجاز إمكانيات البيتكوين كاستثمار، مؤكدًا على تطور سعره التاريخي والمتغيرات التي تؤثر في قيمته. يغطي الكتاب أفكار التكلفة الدولارية المتوسطة والاستثمار على المدى الطويل، وكذلك مخاطر التداول على المدى القصير وتقلبات السوق. لاتخاذ قرارات استثمارية حكيمة، من الضروري إجراء دراسة متعمقة وفهم تقنيات إدارة المخاطر.

يناقش الكتاب الإلكتروني إمكانية أن يعيث البيتكوين اضطرابًا في أنظمة التمويل المالية المعتمدة وتغيير عدة صناعات بينما يحلل تأثيراته المحتملة على مستقبل الشؤون المالية. يسلط الضوء على كيفية استخدام تكنولوجيا البلوكشين لأغراض أخرى بعيدة عن يبرز الكتاب (DeFi). العملات المشفرة، مثل العقود الذكية والتمويل اللامركزي الإلكتروني أيضًا مدى أهمية الأطُر التنظيمية وقبول البيتكوين على نطاق واسع لاستدامته على المدى الطويل وإدماجه في النظام المالي العالمي.

الكتاب الإلكتروني "البيتكوين: إتقان عالم العملات المشفرة ـ دليلك النهائي على البيتكوين" هو دليل شامل يغطي العناصر الأساسية للبيتكوين، بدءًا من تكنولوجياه الأساسية إلى التطبيقات العملية في العالم الحقيقي واهتمامات الاستثمار. يوفر للقراء أساسًا قويًا من المعلومات يمكنهم استخدامه للتنقل في عالم العملات المشفرة المعقد وفهم

الفوائد والمخاطر المحتملة لاستخدا▯ البيتكوين. يمكن للقراء أن يتعلموا رؤى هامة حول الأفكار الأساسية وآثار البيتكوين كقوة مضطربة في عالم الشؤون المالية من خلال قراءة ملخص الكتاب للأفكار الرئيسية لهذا الكتاب. فهم المفاهيم الأساسية والتطبيقات العملية للبيتكوين بعمق أمر حيوي مع استمرار تطوره وتأثيره على البيئة المالية.

**الأفكار النهائية حول إتقان البيتكوين وعالم العملات المشفرة:**

الطريق إلى إتقان البيتكوين واستكشا▯ عالم العملات المشفرة طويل ومليء بالفرص والتحديات. تعتبر هذه القسم فرصة للتأمل في ما تعلم وكيف غير البيتكوين منظر الأر▯ المالية. يستقصي هذا القسم الإمكانات الثورية للعملات المشفرة، وقيمة التعليم والوعي، والمخاطر والفوائد التي قد تنشأ، وآفاق البيتكوين والنظ▯ البيئي الأوسع للعملات المشفرة في المستقبل. يمكننا أن نفهم بشكل أفضل أهمية البيتكوين ودوره في التأثير على مستقبل الشؤون المالية من خلال النظر في هذه الأفكار الختامية.

يتكوين وغيرها من العملات المشفرة لديها القدرة على تغيير تمامًا الطريقة التي نشارك بها في الأنظمة المالية، ونق▯ بالمعاملات، ونخزن القيمة. نظرًا لأن العملات المشفرة هي غير مركزية، لم يعد هناك حاجة إلى وسطاء، مما يمنح الناس مزيدًا من السيطرة على أموالهم. تكنولوجيا البلوكشين، التي تعتمد عليها العملات المشفرة، لديها القدرة على تحسين شفافية الأعمال المختلفة، والأمان، والكفاءة. نحن نرصد القوة التحولية للعملات المشفرة والإمكانات المتاحة للاعتماد الرئيسي مع تحولنا إلى خبراء في هذا المجال.

لكي نتقن بيتكوين ونلاحظ عالم العملات المشفرة، التعليم والوعي أمور حاسمة. يجب على الناس بذل جهد لفهم الأفكار الأساسية، والتكنولوجيا، والمخاطر المتعلقة بالعملات المشفرة. معرفة أكثر تمكننا من اتخاذ اختيارات حكيمة، والتعر▯ على المحاولات الاحتيالية مقابل الأمور الشرعية، وتعزيز اعتماد السلوكيات الأخلاقية. إقامة مجتمع مستنير قادر على تحقيق تحول إيجابي في نظ▯ العملات المشفرة، برامج التعليم والأبحاث الأكاديمية، وشراكات الصناعة ضرورية.

من المهم أن نكون على علم بالمخاطر والمكاسب المحتملة المرتبطة بعالم العملات المشفرة بينما نخو▯ فيه. إحدى التحديات التي تتطلب الحذر وتقنيات إدارة المخاطر

هي التقلبات. تشمل التحديات الأخرى عدم اليقين التنظيمي ومخاطر الأمان. ولكن من غير الممكن تجاهل الفوائد المحتملة، التي تتضمن التضمين المالي، وفرص الاستثمار وتقدم التكنولوجيا. القدرة على تحقيق توازن بين المخاطر والمكاسب ضرورية للتنقل في هذا البيئة السريعة التغير.

منذ بداياتها، تقدمت بيتكوين وغيرها من العملات المشفرة بشكل كبير. ونظرًا للأمان، فإن هذه التكنولوجيا المبتكرة لديها مستقبل واعد. مع اعتراف المستثمرين المؤسسيين والمؤسسات الكبيرة والحكومات بإمكانيات العملات المشفرة، يستمر انتشار الاعتماد الرئيسي. تم حل مشكلات قابلية التوسع وكفاءة الطاقة التي كانت مشكلة للتكنولوجيا، مما يسمح للعملات المشفرة بمعالجة مزيد من المعاملات ولها تأثير بيئي أقل. يُمكن بناء نظام مالي أكثر انفتاحًا ولامركزية من خلال اعتماد العملات المشفرة في الحياة اليومية بما في ذلك نظم الدفع والتطبيقات اللامركزية.

مع انتهاء استكشافنا لبيتكوين وصناعة العملات المشفرة، من المهم أن نؤكد على أهمية السلوك الأخلاقي. يجب على الناس أن يضعوا الأمان في المقام الأول من خلال استخدام محافظ آمنة وممارسات كلمات المرور السليمة، ويكونوا في حالة تأهب للكشف عن محاولات الاحتيال والتصيُّد. للحفاظ على الامتثال للتشريعات، من الضروري فهم الآثار القانونية والضريبية لمعاملات العملات المشفرة. بالإضافة إلى ذلك، تشجيع التسامح والتنوع والسلوك الأخلاقي داخل مجتمع العملات المشفرة يساعد في خلق نظام بيئي أكثر عدالة واستدامة.

فهم بيتكوين وصناعة العملات المشفرة هو عملية مدى الحياة تتطلب التعلم المستمر، والمرونة، والعقلانية. ندرك القوة الثورية للعملات المشفرة وإمكاناتها لتغيير المال عندما نأخذ لحظة للنظر في المعلومات التي تعلمناها. الأسس للمشاركة المسؤولة في هذا البيئة الديناميكية هي المعرفة والوعي. على الرغم من وجود مخاوف، فإنه من المستحيل تجاهل الفوائد المحتملة والتأثيرات الإيجابية. يمكننا دعم تطوير ونضوج مجال العملات المشفرة من خلال اعتماد السلوك الأخلاقي وتشجيع العمل الجماعي. لنظل ثابتين في سعينا للمعرفة والابتكار وديموقراطية المال مع استمرار تطور بيتكوين والعملات المشفرة.

## تشجيع لقارئ رحلته مع بيتكوين

بداية رحلة مع بيتكوين هي مسعى مثير وتحولي يمتلك القدرة على تمكينك ماليًا ومساعدتك في النمو الشخصي. تسعى هذه القسم إلى إلهام القراء في رحلتهم مع بيتكوين من خلال توضيح الفرص والتحديات والمكافآت التي لا تزال قادمة. يمكن للأشخاص أن يسلكوا طريق الاستقلال المالي ويستفيدوا من المشاركة في عالم بيتكوين عن طريق تكوين تفكير إيجابي، وقبول التعلم مدى الحياة، وتنمية الصمود.

تتسم رحلة بيتكوين بالعديد من الإمكانيات. من المهم تطوير تفكير يقدر الابتكار وإمكانية التقدم. اعترف بأن بيتكوين ليس مجرد عملة رقمية؛ بل يمثل تحولاً أساسياً في كيفية تفاعلنا مع الأنظمة المالية وكيفية إجراء المعاملات والاحتفاظ بالقيمة. يمكنك استكشاف فرص التقدم المهني، والتنقيب التكنولوجي، والتمكين الناتج عن كونك من المبكرين المتبنين لتكنولوجيا مختلفة عن الآخرين من خلال قبول قوة الإمكانيات.

رحلة ناجحة مع بيتكوين تتطلب التعليم والتعلم المستمر. يتسارع منظر العملات المشفرة ويتغير باستمرار، لذا فإنه من المهم أن نكون مستمعين لنتخذ قرارات حكيمة ونقلل من المخاطر. لفهم تكنولوجيا بيتكوين بشكل أعمق، واتجاهات السوق، والتطورات التنظيمية، قم بإجراء دراسة عميقة، وتمسك بالمصادر الموثوقة، واستفد من الأدوات التعليمية. من خلال الاستمرار في التعلم، تثبت نفسك كعضو مطلع في مجتمع بيتكوين قادر على التنقل في التحديات واستغلال الفرص.

الطريق إلى بيتكوين ليس بدون تحديات وعقبات. يمكن أن تتعرض إرادتك للاختبار بواسطة التقلبات، وتقلبات السوق، ومخاوف التنظيم. ومع ذلك، فإنه في هذه الفترات الصعبة تكون المرونة هي الأهم. قبل الهزائم كفرص للتعلم وكن جاهزًا لضبط استراتيجياتك حسب الحاجة. قم بتطوير تقنيات إدارة المخاطر التي تتناسب مع أهدافك المالية، وقم بتحسين استراتيجيتك في الاستثمار، وتعلم من الأخطاء السابقة. تذكر أن العقبات مؤقتة فقط، وأن الصمود سيجعل مسارك أقوى في النهاية.

بيتكوين ليس مجرد تكنولوجيا؛ بل هو أيضًا مجتمع لديه هدف مشترك. كن في جوار الأشخاص الذين يشاركون آرائك ويستكشفون بيتكوين أيضًا. انضم إلى المجتمعات عبر

الإنترنت، شارك في النقاشات، احضر المؤتمرات، وشارك آراءك للاستفادة من تجارب الآخرين. اعمل مع الآخرين لتعزيز التغيير والمساعدة في توسيع واستخدام بيتكوين. يمكنك أن توسع شبكتك، وتتعلم أشياء مفيدة، وتجد الدعم لتحديات رحلتك من خلال بناء علاقات داخل مجتمع بيتكوين.

رحلة بيتكوين هي ماراثون، وليس سباقًا قصيرًا. إنها تتطلب أن تكون لديك توجهًا طويل الأمد والتركيز على الصورة الأوسع. اعترف بأنه قد يستغرق سنوات، أو ربما عقود لظهور الإمكانيات الحقيقية لبيتكوين. يمكنك تحقيق تمكين مالي طويل الأمد من خلال تطوير الصبر والثقة القوية في القوة الثورية لبيتكوين. اعترف بأن بيتكوين يشكل تحولاً أساسياً في كيفية التفكير في المال واللامركزية. إنه أكثر من مجرد استثمار تكهني. حافظ على تركيزك على أهدافك المالية وعلى الآثار المحتملة التي قد تكون لبيتكوين على حياتك والعالم من حولك أثناء استمرارك في رحلتك.

اختيار الانطلاق في مغامرة بيتكوين قد يؤدي إلى تمكين مالي واستكشاف تكنولوجي وتطوير شخصي. إنك تجهز نفسك للنجاح في نظام بيتكوين من خلال الاعتقاد في قوة الإمكان، والتعلم المستمر، وتطوير المرونة، وتشجيع المجتمع والتعاون، والحفاظ على نظرة طويلة المدى. استمر في التفاني في سعيك لتحقيق الاستقلال المالي وتذكر أن التجربة نفسها فرصة تعلم قيمة. حافظ على عقل مفتوح، وابقى على اطلاع على المعلومات، وكن مستعدًا للتكيف أثناء تنقلك في

طريق المستقبل. تمتلك تجربتك مع بيتكوين القدرة على تغيير حياتك وتضخيمها. في هذه الرحلة المثيرة نحو التمكين المالي، احتضن التحديات، افرح بنجاحاتك، واستغل الفرص التي تكمن أمامك.

شكرًا لشرائك وقراءتك/استماعك لكتابنا. إذا وجدت هذا الكتاب مفيدًا يرجى أن تأخذ بضع دقائق وتترك تقييمًا على المنصة التي اشتريت منها الكتاب. تعود ردود فعلك بأهمية كبيرة بالنسبة لنا.

www.ingramcontent.com/pod-product-compliance
Lightning Source LLC
Chambersburg PA
CBHW071528150726
48000CB00002B/723